小学校国語科

「話すこと・聞くこと」の授業パーフェクトガイド

長谷浩也 編著

明治図書

は じ め に

　社会や産業の構造が変化し，予測が困難となる時代に対応できる人材，合意形成能力を併せ持つ人材などの育成が叫ばれています。このような状況下においては，今まで以上に倫理観や価値観の違う立場から，様々な意見や感想，質問を出し合い，そこで生まれた差違も含め，互いに理解や合意するための力が求められることは言うまでもありません。さらに，平成29年3月に告示された小学校学習指導要領，同年7月に示された学習指導要領解説には，「相手の発言を受けて話をつなぐ」，「異なる立場からの考えを聞き，意見の基となる理由を尋ね合うことで，互いに考えを広げたりまとめたりする」と明記されています。また，中学校学習指導要領には，「合意形成に向けて考えを広げたり深めたりすること」なども明記されました。これらを踏まえると小中学校の教育現場では，一層，話す力・聞く力・話し合う力の育成を目途に，教科書教材をベースとした系統的な指導を必要とします。

　しかし，話し合いの授業に目を向けると，話し手と聞き手が，話題に沿った意見等を十分に理解し，吟味する過程を経ずして話し合いを終えるといった展開だけにとどまる授業実践も見受けられます。「話すこと・聞くこと」領域の授業で交わされる言葉のやりとり等は，瞬時に消えてなくなるといった性質を持ち合わせます。そのため，「書くこと」「読むこと」の領域に比べると，考えを音声で重ね合う授業をデザインしても「目標としている力が付いたかどうか」が学習者はもとより指導者も認識が難しくなります。そのため，「記録・保存」という指導の工夫が必要となりますが，これも機器やその使い方などを考慮しないと日常指導での活用が難しくなります。

　以上のことから，よりよい話し合いの授業を展開するには，目標をできるだけ具体化することが必要だと考えました。これは，指導者が目標に向かってぶれないという点についてももちろんですが，学習者にとっても，自分の学びの状況を確認できるという点で重要な視点です。また，検討・修正できる余裕のもった指導過程も大切な視点となります。その際，日常的な機器の使い方や準備等，活用を前提とした「録音・録画」，教師や機器による「音声の文字化」等，可能な限り可視化（音声・映像・文章）した音声資料の提示が必要となるでしょう。

　文部科学省は，今後目指すべき授業の在り方を大きく三つに整理し，次のようにまとめています。

○何を知っているか，何ができるか（個別の知識・技能）

○知っていること，できることをどう使うか（思考力・判断力・表現力等）

○どのように社会・世界と関わり，よりよい人生を送るか（学びに向かう力，人間性等）

上記の三つを踏まえると，これまで以上に学びをいかに習得し活用するのか，付けたい力に迫るための学習過程をどのように組織するのかが重要視されています。

　本書は，先生方が日々の授業で参考にしてほしいと考え，音声言語教育に比較的多く見られる「特別に設定した単元での指導」ではなく，「教科書教材をベースにした指導」を以下の視点を取り入れ，提示しています。

---

①目指す子どもの姿
②詳しくすると…こんな活動！
③単元計画
④指導の Point
⑤そのまま使える！活動の流れ
⑥ここが指導・評価のカギ！

---

　①②において，「付けたい力」の確認を，③④は，それを受けた単元計画と指導のポイントを，⑤⑥においては，できるだけ先生方がすぐに活用できるように工夫をしています。巻末には評価問題を参考として載せています。

　予測不可能な世の中を生き抜くためには，話し合いの帰着点として妥協，譲歩で終わらせるのではなく，それぞれの立場の者に新たな考えを導き出し，最終的には，未来志向のもと視点や条件を創り上げることが必要であります。

　本書がそのような能力を育成する契機となることを願っております。

2019年9月

編著者　長谷浩也

小学校国語科 実践型「話すこと・聞くこと」の授業
パーフェクトガイド "7" の視点

本書で示す実践例・指導法アイデアは，以下の「7の視点」を大切にして作成しています。

1　【目指す子どもの姿】

指導後の子どもたちの姿をイメージすることで，単元計画がより鮮明になります。そこで，本教材を用いて指導することで，どのような子どもたちに育ってほしいのかを明記しました。

2　【詳しくすると…こんな活動！】

子どもたちが付けるべき力を見据え，教科書が示す目標をより"具体的に"示しました。
さらに，指導のポイントを明記し，意識化することで，指導内容を明確にしたぶれない授業の実現を目指します。

3　【単元計画】

単元（学習）全体の流れが一目で分かる計画です。どこに活動のポイントがあるのかを明記しています。

4

【指導の Point】
指導・評価のポイントが分かるように，活動ごとに詳しい学習の流れを示しています。

---

1 プレゼンテーションとは何かを知ろう

☑ そのまま使える！活動の流れ
① プレゼンテーションと聞いて思い浮かぶイメージを発表する。
② 事例を紹介し，プレゼンテーションのイメージを膨らませる。
③ 教科書の挿絵や本文の内容を見て，学習の見通しを持つ。

「プレゼンテーションとは何か？」子どもたちにとって聞き慣れない言葉なので，きっとこのような疑問が浮かぶでしょう。まずは，今まで行ってきた発表との違いをイメージさせることが大切です。

例1　教師がモデルを示す
　まず，教師がプレゼンテーションの見本を見せます。ここでの目的は，教師が作った素晴らしいプレゼンテーションを見せることではありません。教科書に載っている「町の幸福論」の本文や資料をもとにプレゼンテーション形式にして見せたり，グループ発表のモデル文を参考に発表を実際に行ったりするのです。モデル文が教師のプレゼンテーションとして表現されることで，子どもたちは文字とプレゼンテーションを対応させながら聞くことができます。また，聞き手を引きつけるような資料の提示や問いかけ等の言葉を用いたときの聞き手の反応を確かめながら話を進めるときには，「資料を示す」等の具体的な注釈を加えて説明することもよいでしょう。

例2　テレビ番組などの事例を紹介する
　子どもたちの身近なテレビ番組にもたくさんのヒントがあります。例えば，ニュース番組でフリップを用いて行っているものもプレゼンテーションに当たります。より分かりやすく伝えるためにテレビ等のメディアの資料はどれも厳選されています。また，発表者の目線や言葉遣い，間の取り方，提示の仕方等は，参考になるものばかりです。

◀ここが指導・評価のカギ！▶
「プレゼンテーション」の特徴を書かせたり話させたりする
「これまでの発表」と「プレゼンテーション」との違いをノートに書かせたり，口頭で発表させたりする中で，「プレゼンテーション」の特徴を明確にさせます。気付きの中で特に「聞き手を意識する」ことを明確にしている内容を取り上げ評価することが大切です。

5

【そのまま使える！活動の流れ】
そのまま授業に使える流れです。下には，指導のポイントを具体的にまとめています。また，図・表や写真等，参考となる資料も載せています。

6

【ここが指導・評価のカギ！】
子どもたちをみとり，伸ばす，指導・評価のポイントを明記しています。指導・評価のポイントを知ることで，子どもたちへの支援や指導の方法も変わってきます。

7

※巻末付録【評価問題】
巻末に「話すこと・聞くこと」の評価問題を掲載しました。評価問題作成のヒントを記載しています。

も く じ

はじめに　002

「話すこと・聞くこと」　パーフェクトガイド　"7"の視点　004

Chapter 1

クラスの雰囲気がグッとよくなる！
スピーチアイデア10　　　　　　　　　　009

◆明日からできるスピーチ指導　010

1　スピーチを豊かにするアイデア　011

2　わくわく　くじ引きスピーチ　012

3　"聞いて，要約"スピーチ　013

4　言っちゃダメ！NGワードスピーチ　014

5　"ヒーローインタビュー"スピーチ　015

6　"今日のスター"スピーチ　016

7　つないで！スピーチ　017

8　"私はだれでしょう？"スピーチ　018

9　対話でつなぐ"相手紹介"スピーチ　019

10　"たしかに～，しかし～"スピーチ　020

Chapter 2

教科書教材でできる！
「話すこと・聞くこと」指導のアイデア　　　　021

スピーチプラン

1　「話を組み立てる力」を付けるには…　022

　　（1年『はなしたいな　ききたいな』東京書籍）

2　「筋道を立てて話す力」を付けるには…　026

　　（3年『話したいな，うれしかったこと』東京書籍）

3 「資料を使ってスピーチする力」を付けるには… 030
（6年『今，私は，ぼくは』光村図書）

話し合いプラン

1 「話題に沿って質問する力」を付けるには… 034
（1年『「すきなものクイズ」をしよう』東京書籍）
2 「互いの話を聞き合い話し合う力」を付けるには… 038
（2年『みんなできめよう』光村図書）
3 「進行を考えながら話し合う力」を付けるには… 042
（3年『つたえよう，楽しい学校生活』光村図書）
4 「自分の役割を考えて話し合う力」を付けるには… 046
（4年『クラスで話し合おう』東京書籍）
5 「互いの立場や意図をはっきりさせて，話し合う力」を付けるには… 054
（5年『明日をつくるわたしたち』光村図書）
6 「プロセス」「準備」「メモ」で話し合いを成功させよう 058
（6年『学級討論会をしよう』光村図書）
（6年『問題を解決するために話し合おう』東京書籍）

プレゼンテーションプラン

1 「資料を活用し発表する力」を付けるには… 062
（3年『しりょうから分かる，小学生のこと』光村図書）
2 「目的意識・聞き手意識を持って発表する力」を付けるには… 066
（5年『和の文化を受けつぐ』東京書籍）
3 「プレゼンテーション力」を付けるには… 070
（6年『町の幸福論―コミュニティデザインを考える―』東京書籍）

Chapter3

合意形成能力を育む！
「話し合い」指導のアイデア

075

1 【合意形成】話し合いのプロセスを意識した授業 076
2 【ICT・アプリ活用】アプリ「UDトーク」を活用した授業 088

Chapter4

深い学びにつながる！
「話すこと・聞くこと」指導のアイデア 093

1 【入門期の指導】「話すこと・聞くこと」の力を付けるには… 094
2 【思考ツール】「思考を整理する力」を付けるには… 101
3 【メモの指導】「メモをとる力」を付けるには… 105
4 【主張・理由・根拠】「『主張・理由・根拠』を意識して発言する力」を付けるには… 109

Chapter5

付けた力をしっかりみとる！
「話すこと・聞くこと」評価問題のアイデア 111

1 【ポイント】「話すこと・聞くこと」の指導と評価 112
2 【評価問題】「話すこと・聞くこと」の評価問題例 115
 ① スピーチメモから考えよう 116
  （3年『話したいな，うれしかったこと』東京書籍）
 ② 整理することを意識しよう 118
  （4年『クラスで話し合おう』東京書籍）
 ③ 話し合いの意図に応じて自分の考えを持とう 120
  （6年『学級討論会をしよう』光村図書）
  （6年『問題を解決するために話し合おう』東京書籍）

おわりに 123

Chapter **1**

クラスの雰囲気がグッとよくなる！

スピーチアイデア10

明日からすぐできるスピーチ指導

✓ スピーチすることが楽しくなる日々のアイデア

　朝の会・終わりの会で子どもたちが順番にスピーチをしているクラスは多いのではないでしょうか。スピーチは人前で話す抵抗感をなくしたり，構成を考えて話すことを意識したりする大切な言語活動です。また，友達のスピーチを真剣に聞かせることにより，聞く力を鍛えたり，子どもたち相互のコミュニケーション力を高めたりすることも可能です。

　しかし，4月当初は緊張感を持ってスピーチしていても，慣れてくると短く簡単に終わってしまったり，同じような話題を何度も繰り返してしまったりするのではないでしょうか。

　そこで，年間を通じて子どもに飽きさせず，スピーチすることが楽しくなる"明日からクラスですぐできる"スピーチアイデアを紹介します。

"明日からすぐできる" スピーチアイデア

① スピーチを豊かにするアイデア

② わくわく くじ引きスピーチ

③ "聞いて，要約" スピーチ

④ 言っちゃダメ！NGワードスピーチ

⑤ "ヒーローインタビュー" スピーチ

⑥ "今日のスター" スピーチ

⑦ つないで！スピーチ

⑧ "私はだれでしょう？" スピーチ

⑨ 対話でつなぐ "相手紹介" スピーチ

⑩ "たしかに～しかし～" スピーチ

　まずは，気負わず，できそうだと思うものからクラスで実践してみましょう！　どのスピーチも，教師の工夫次第で楽しいものになります。やっていくうちに，自然と子どもたちのスピーチに変化が見られます。さらに，クラスの雰囲気もよくなってくる，そんなスピーチアイデアです。

1 スピーチを豊かにするアイデア

✓ **そのまま使える！活動の流れ** いろいろ "あいうえお"

① 教師がいろいろな "あいうえお" の声の出し方の見本を見せ，真似する。
　（例：元気に "あいうえお"，悲しく "あいうえお"，怒りながら "あいうえお" 等）
② 教師の「○○で "あいうえお"」に合わせて，子どもたちだけで声を出す。
③ ペアやグループでいろいろな「○○で "あいうえお"」を考える。
④ ③で考えたいろいろな「○○で "あいうえお"」をみんなで真似する。

みんな "あいうえお" って言えるかな？（あいうえお）
じゃあ，元気に！ "あいうえお！"。

"あいうえお！"。

すごく元気だね。
じゃあ今度は，怒りながら "あいうえお～！"

"あいうえお～！"。

✓ **そのまま使える！活動の流れ** 声よとどけ！プラカード

① 一番後ろに座っている子どもたちは耳のマークが描かれたプラカードを持つ。
② 話し手は，一番後ろの子まで声が届くようにスピーチをする。
③ プラカードを持っている子どもたちは，スピーチの声がはっきりと聞こえたらプラカードを挙げる。
④ 話し手はプラカードの挙がり方を見て自分の声が一番後ろまで聞こえているか確認しながらスピーチを続ける。

スピーチの声を一番後ろまで届けよう。
全員のプラカードが挙がるかな？

◀ **活動プラス** ▶

目線を合わせる習慣をつけたい場合は，目のマークが描かれたプラカードを用意し，聞き手の子どもたちに持たせます。目線が合うとプラカードが挙がるので，話し手は自分の目線を確認したり意識したりできるようになるでしょう。

11

2 わくわく くじ引きスピーチ

✓ そのまま使える！活動の流れ
① スピーチする子どもがくじを引く。
② くじに塗ってある色に該当するテーマ（お題）でスピーチの内容を考える。
③ テーマ（お題）に沿ってスピーチする。

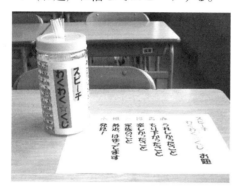

スピーチ わくわく☆くじ
お題
赤　うれしかったこと
青　もり下がったこと
緑　楽しかったこと
黄　家族のこと
桃　最近、はまってます
水　発見！

くじを引いて，出た色のテーマ（お題）でスピーチしましょう。

（例）ぼくは，黄色が出たから家族のことをスピーチします。お笑いが好きな弟のことを話そうかな。くじを引くとき，わくわくどきどきしたよ。

✓ 指導のコツ
・くじを引いたテーマで即座にスピーチをするのが難しい場合は，朝の会でくじを引き，終わりの会や翌日にスピーチをするといった設定にすると内容を考える時間ができる。
・スピーチのテーマ（お題）を定期的に変えることで，マンネリ化を防ぐ。

✓ おすすめテーマ（お題）の例
・休日のこと　・好きな〜について　・嫌いな〜について
・私こう見えて〜です　・気になるなあ　・マイブーム

◀活動プラス▶

テーマ（お題）スピーチに慣れてくれば，内容を詳しくするために「うれしかったこと」「楽しかったこと」を「思わず笑ってしまったこと」等，別の言葉で表現する練習を取り入れましょう。

3 "聞いて，要約"スピーチ

☑ そのまま使える！活動の流れ
① 聞き手は内容を考えながらスピーチを聞く。
② 聞き手はスピーチを短くまとめる。
③ 聞き手は，短くまとめたスピーチを発表する。

 友達のスピーチをよく聞いて，要約して（短くまとめて）みよう。

要約すると，「○○さんは友達とけんかしてしまったけど，帰り道で仲直りできました。そして，遊ぶ約束をしました。」ですね。

☑ 指導のコツ
・大事なことを落とさず要約できているか他の聞き手に問い返すことで，聞く力を伸ばすことができる。
・「5W1Hを意識する」「一文や二文で表す」「〜が，〜をして，〜をする話」等，観点や話型等の具体的な指導を行うことで要約に慣れさせることができる。
・要約を学習していない低学年においても「友達のスピーチを短くしよう」と指示することで取り組ませてもよい。

◀活動プラス▶
要約スピーチに慣れてきたら，スピーチを聞いて一文で要約することに挑戦する等，様々な要約をさせてみましょう。

4 言っちゃダメ！NG ワードスピーチ

☑ **そのまま使える！活動の流れ**

[NG ワードは言っちゃダメ]

① NG ワードをクラスで決める。
② 話し手は NG ワードに気を付けて他の言葉に置き換えながらスピーチする。
③ 聞き手はスピーチする子どもが NG ワードを言っていないか確かめながら聞く。

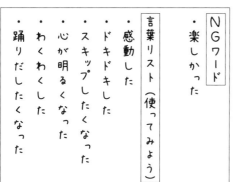

※ NG ワードの例は「楽しかった」。
※ 言葉リスト（使ってみよう）の例には，「楽しかった」の代わりに使えそうな他の言葉を掲示する。

　今日のスピーチは「楽しかった（楽しい）」を使ってはいけませんよ。その代わりに使える言葉はないかな。

「楽しい」は，よく使うから言ってしまいそうだな。でも，代わりに「わくわくした」がぴったりくるな。その言葉を使ってスピーチしてみよう。　

☑ **指導のコツ**

・NG ワードを設定する代わりに，使ってほしい言葉をリストにして示し，他の言葉に置き換えてスピーチさせる。
・NG ワードを使ってしまっても楽しく活動できる雰囲気づくりを大切にし，スピーチが苦手な子も安心して取り組めるようにする。

☑ **NG ワードの例**

・思った（思う）　・おもしろかった（おもしろい）　・がんばった（がんばる）

◀ **活動プラス** ▶

子どもたちのスピーチから場に合った感情豊かな表現が出てくれば「言葉リスト」に付け加え，掲示しておくと，さらにイメージが広がるスピーチとなるでしょう。

5 "ヒーローインタビュー" スピーチ

☑ そのまま使える！活動の流れ
① クラスの中でヒーローを一人選び，インタビューすることを伝えておく。
② ヒーローに対して二人で交互にインタビューする。
③ ヒーローはインタビューに答える。

インタビューアＡ：今日は，リレー大会でアンカーを務めたＹさんにヒーローインタビューしたいと思います。
インタビューアＢ：Ｙさん，ゴールテープを切ったときは，どんな気持ちでしたか？
ヒーロー：最高でした！ ライバルの１組に勝てて，本当にうれしいです。
インタビューアＡ：昼休みに何度も練習したかいがありましたね。
ヒーロー：みんな，練習をがんばりました。
インタビューアＢ：バトンパスはアンダーハンドパスを選んでいましたが，不安はありませんでしたか？
　　　　　……

ヒーローを探して，インタビューをしましょう。どんな（誰が）ヒーローでもいいですよ。

みんなは気付いてなかったけれど，〇〇さんがトイレのスリッパを並べていたよ。ヒーローとしてインタビューしよう。

☑ 指導のコツ
・クラスで相談してヒーローを探しておく。インタビューの内容をある程度考えておくことを事前に指導する。また，全員がヒーローを経験できるように配慮する。

☑ ヒーローの例
・あいさつヒーロー，音読ヒーロー，お手伝いヒーロー，発表ヒーロー　等

◀活動プラス▶
ヒーローは，どんな小さなことでも構いません。また，テレビのヒーローインタビュー等を見せてから行うと，活動のイメージが膨らむでしょう。

6 "今日のスター"スピーチ

✓ **そのまま使える！活動の流れ**

① クラスから一人"今日のスター"を選ぶ。
（スターは，全員が順番に経験できるようにする。）
② "今日のスター"に選ばれた人は，クラスのみんなから質問を受ける。（質問タイム）
③ "今日のスター"が質問に答えたことを教師が板書する。
④ "今日のスター"は，板書されたものからいくつか（1～3個）題材を選び，選んだ題材について話をする。

【質問タイムのイメージ】

最近，楽しかったことは何ですか。

キャンプに行ったことです。テントで泊まりました。

✓ **指導のコツ**

・集まった質問の答えから"今日のスター"がスピーチの題材を選ぶ際には，「みんながもっと聞きたいこと」「自分がもっと話したいこと」等，題材としてスピーチしやすいものになるように配慮する。
・スピーチに詰まることがあれば，その場でもう一度質問させたり，黒板で確認させたりする等，スピーチしやすい雰囲気を作る。

◀**活動プラス**▶

"今日のスター"に選ばれた子どもには，質問だけでなく，「"今日のスター"の○○さんのいいところ」等を発表させ，よいところを言ってもらった感想をスピーチさせてもよいでしょう。温かい雰囲気のクラスでは，スピーチも抵抗なくできるようになるでしょう。

7 つないで！スピーチ

✓ **そのまま使える！活動の流れ**

【準備物】各グループにサイコロ（ペットボトルなどで作ったもの）

① 4人グループを作り，1～4の番号を決める。
② 前の人のスピーチとどこかの部分を必ずつなげて，スピーチするというルールを確認する。
③ 教師がテーマ（お題）を出す。
　例：好きな食べ物，最近あったこと，等
④ グループごとに「つないで！スピーチ」をする。
　※サイコロをふり，出た番号の人が最初にスピーチする。次の人は，サイコロの出た目で決め，前の話のどこかの部分をつなげてスピーチをする。
⑤ ③④を繰り返して行い，制限時間内で何人スピーチが続いたかグループで競う。

 今日のテーマは，「好きな食べ物」にします。

（サイコロをふったら，ぼくの番号の「4」だ！）
ぼくの好きな食べ物は，カレーライスです。訳は，カレーの中に，たくさんのお肉が入っているからです。……

（サイコロをふったら，わたしの番号の「2」だ！）
「お肉」につなげて，わたしはお肉を使っている料理で，ハンバーグが大好きです。ミンチ肉なので，お箸でも切れてやわらかいし，……

（サイコロをふったら，わたしの番号の「1」だ！）
「やわらかい」につなげて，わたしの昨日買ってもらったふとんは，とてもやわらかくてふかふかで寝やすいです。……

✓ **指導のコツ**

・全員が，真剣に友達の話を聞く雰囲気を作るために，サイコロ等そのときにならないと誰に当たるか分からない状態を作り出す。

◀活動プラス▶

「つないで！スピーチ」に慣れてくれば，教師の示すテーマに必ず沿ったものにする等の条件を付け加えていくと，さらに話をつなぐ力が付くでしょう。

8 "私はだれでしょう？" スピーチ

☑ **そのまま使える！活動の流れ**

（準備物）「紹介カード」…名前・特技・好きなこと等が書かれたカード
① 自分以外に読んでもらう「紹介カード」を書く。
② スピーチする子どもが前日に「紹介カード」を引いておく。
③ 次の日，「紹介カード」をもとにその人になりきってスピーチをする。
　※誰のスピーチをしているかは，絶対に話さない。
④ クラス全員が，誰のスピーチをしていたかを考え，発表する。

【前日】…紹介カードを引いて
山田くんの紹介をすることになったぞ。何を話そうかな。まずは，紹介カードを参考にしよう。

【当日】…"私はだれでしょう？"スピーチ
ぼくは，サッカーが大好きです。この前の休み時間には，点数を二点入れて大活躍しました。ぼくは給食が大好きで，いつもおかわりします。ぼくは，この前，ゴミ箱のゴミがいっぱいだったので，ゴミを捨てに行くと，大林さんから「ありがとう」と言ってもらいました。さて，ぼくは，だれでしょう。

☑ **指導のコツ**

・慣れてくると，即興でスピーチができるよう，スピーチする直前に「紹介カード」を引かせてもよい。スピーチの直前に引くか，事前に引いておくか選ばせてもよい。
・自分のよいところは，なかなか素直に書けない子どももいるので，必ずスピーチする人から見たその子のよいところを入れるよう指導する。

◀ **活動プラス** ▶

運動会・音楽会等，行事をテーマに「紹介カード」を書かせてもよいでしょう。
「紹介カード」の項目…一番楽しかったこと，うれしかったこと，苦労・努力したこと

9 対話でつなぐ "相手紹介" スピーチ

✓ そのまま使える！活動の流れ

① 相手のことを知るために，ペアになって質問し合う。
  （例：好きな○○，最近○○だったこと，今日の朝ごはん，等）
② 質問の内容を生かして，みんなの前で "相手紹介" スピーチをする。
③ 紹介された人が②のスピーチで足りない情報があれば，付け加えて話す。
④ スピーチを聞いた感想をクラスで伝え合う。

けんたさんが最近楽しかったことは，家族で動物園に行ったことです。ライオンにほえられて，みんなビックリしたそうです。他にも……

かおりさんのスピーチに付け加えます。ライオンにほえられたときは，弟が一番びっくりして，しりもちをついてしまいました。

✓ 指導のコツ

・質問し合うことに戸惑っているペアがあれば，「確認したいこと」「分からないこと」「疑問に思ったこと」「もっと知りたいこと」「自分と比べて」等，質問のバリエーションを示すとよい。（質問に慣れてくるまでは，質問のバリエーションを掲示しておいてもよい。）
・「"相手紹介" スピーチ」をする際に，どんなことをスピーチすればよいか悩んでいる子どもがいれば，「自分が聞いてびっくりしたこと」「一番おもしろかったこと」等にしぼればよいことを伝える。

◀活動プラス▶

相手の紹介だけでなく，スピーチの中に「自分の感想や意見」を付け加えられるようになると，事実や感想・意見を意識した言語活動になります。

10 "たしかに〜，しかし〜" スピーチ

✓ そのまま使える！活動の流れ

① 意見が分かれるような話題を提示し，一人で考える時間をとる。
　（例：ご飯とパンとどちらがおいしいか，犬と猫どちらが好きか，等。どちらの立場にも立てるよう，理由を考えておく。）
② ペアで対話する。（相手と反対の立場に立って発言する。）
③ 相手の意見を受けて「たしかに〜，しかし〜。」の話型を使いペアでスピーチする。
④ スピーチを聞いた感想を伝え合う。

ぼくは，パンの方がおいしいと思います。味があって食べやすいからです。……

わたしは，ご飯です。どんな料理にもよく合うし，お腹もいっぱいになるからです。それに……

（二人の意見を取り入れてのスピーチ）
たしかに，パンはおいしいです。いろいろな味があっておいしいからです。
しかし，わたしはご飯の方がおいしいと思います。なぜなら，どんな料理にもよく合うからです。
また，……

✓ 指導のコツ

・対話する話題は，意見が分かれるもの，対立するものを設定します。どちらの意見に立っても発言できるよう，メモをとりながら聞くことも効果的です。
・対話した後に「たしかに〜，しかし〜。」の型でスピーチするには，相手の意見をしっかり受けとめて，自分の意見に取り入れることが重要です。

◀活動プラス▶

「○○を買ってもらうためにどう言ったらいいかな？」「休み時間の遊びを決める際に，○○をしたいときには，どう言ったらいいかな？」など，実生活を想定した場面を考えさせてみましょう。相手の意見を取り入れながら自分の意見を伝えるためには，相手の意見を受けて返すことが大切であることを実感させましょう。

Chapter **2**

教科書教材でできる！

「話すこと・聞くこと」
指導のアイデア

スピーチプラン 1

実践例　1年　『はなしたいな　ききたいな』（東京書籍）

「話を組み立てる力」を付けるには…

✓ 目指す子どもの姿

　話し手として，「話の組み立て」（したこと・そのときの様子・思ったこと）に沿って伝わるように話したり，聞き手として，伝えたいことが何であるか理解しながら共感的に聞いたりできる子どもを育てます。自分のことを知ってもらったり，友達のことが分かったりすることで新たな発見もあるでしょう。その中で「伝え合うことが楽しい」ということを実感させましょう。

◀教科書の目標▶

・話の組み立てに沿ってみんなの前で話したり，友達の話を興味を持って聞いたりすることができる。

詳しくすると…こんな活動！

Point1　モデル文を使って「話の組み立て」を学ぶ

思いつくままに話すのではなく，聞き手に伝わるように話すには，話す内容に「話の組み立て」（したこと・そのときの様子・思ったこと）があることを理解する。

Point2　「そのときの様子」を詳しく話す

どのような言葉があると「そのときの様子」が詳しく伝わるかを理解し，実際のスピーチに生かす。

Point3　「話の組み立て」を意識してスピーチ練習をする

Point1・2で学習したことを意識してスピーチ練習をする。

✓ 単元計画（全5時間）

1次（1時間）	2次（3時間）	3次（1時間）
自分が最も心を動かされた体験をスピーチの題材として選ぶ。（例：「うみにいったよ」「あさがおがさいたよ」）	教師作成のモデル文をもとに「話の組み立て」を理解する。　☆Point1 「話の組み立て」（そのときの様子）を詳しく話すための工夫を学ぶ。　☆Point2 「話の組み立て」を意識してスピーチ練習をする。　☆Point3	スピーチ発表会をする。（例：思い出発表会）

1 モデル文を使って,「話の組み立て」を学ぼう

☑ そのまま使える！活動の流れ

① 教科書を使って,「話の組み立て」(したこと・そのときの様子・思ったこと) ごとに色分けしながら枠で囲む。(「話の組み立て」を視覚的に捉えさせる。)
② 「話の組み立て」(したこと・そのときの様子・思ったこと) の三つの構成を示した札を作る。(したこと・そのときの様子・思ったことの三つで一セットとし,全員に持たせる。)
③ 教師作成のモデル文を聞き,札を上げながら,「話の組み立て」を理解させる。

　話す内容には,「話の組み立て」(したこと・そのときの様子・思ったこと) があることを伝えます。「話の組み立て」に沿って話すことで,聞き手に話したい内容が詳しく伝わることを確認します。

　教科書のモデル文を使って,「話の組み立て」ごとに色分けしながら枠で囲み,視覚的に捉えさせます。また教師作成のモデル文(文字と音声)を使って,「話の組み立て」を繰り返し意識させます。「話の組み立て」の三つの構成の札を作り,話を聞くときには,構成と一致したところで札を上げさせるとさらに,楽しく学ぶことができます。

思ったこと	そのときの様子	したこと
もっと いろいろなしゅるいの はなびを したいと おもいました。	よる おそくまで おきて、おばあちゃんの いえで しました。ひを つけると、ぱちぱちと おとが しました。いろんな いろの ひが でて、きれいでした。	わたしは、はなびを しました。

　　　　　　　　　　　　　　　　　　　　教師作成のモデル文

◀ここが指導・評価のカギ！▶
視覚的な工夫で構成意識を高める

三つの構成を聞き取り札を上げることも有効です。さらに,発展として,「思ったこと」を省いて読み上げたり「そのときの様子」の内容を二回読んだりして,足りない箇所や重複した項目を見つけさせることも構成意識を高めることにつながります。

2 「そのときの様子」を詳しく話そう

> ✓ そのまま使える！活動の流れ
> ① 下記の教師作成のモデル文（はなび）の「そのときの様子」の中から，話の内容を詳しくしている言葉を見つけさせる。
> ② 話の内容を詳しくする表現が，何について書いてあるか考える。（時間，場所等）
> ③ モデル文の表現以外にも，詳しくするためにどんな言葉や文を付け加えたらよいかを考える。

「そのときの様子」を取り出して，話を詳しくするための言葉をたくさん見つけ，それらがどんなことを表しているか考えさせます。

前時に使用した教師作成のモデル文（はなび）

時間　よる　おそくまで　おきて、
場所　おばあちゃんのいえで　しました。
ひを　つけると、聞こえたこと　ぱちぱちとおとが　しました。見たこと　いろんないろの　ひがでて、きれいでした。

◀ここが指導・評価のカギ！▶
明確に観点を示し，表現の工夫をする

どのような観点を入れて表現すると詳しく伝わるかを理解させることで，実際のスピーチに生かすことができます。さらに，「見たこと」「聞いたこと」等の観点を示すことで，様々な詳しく説明するための視点が広がり，多様な表現につながります。

3 「話の組み立て」を意識してスピーチの練習をしよう

✓ そのまま使える！活動の流れ
① ペアで練習する。
　・話し手は，「話の組み立て」（したこと・そのときの様子・思ったこと）に沿って札を上げながらスピーチをする。
　・聞き手も，「話の組み立て」（したこと・そのときの様子・思ったこと）に沿って札を上げながらスピーチを聞く。
② 聞き手は，相手のスピーチを受けとめながら，質問や感想を伝える。
③ 話し手は，質問で詳しくなった部分を取り入れ，次のスピーチに生かす。
④ 話し手と聞き手が交代して練習する。

　実際にスピーチしながら，前時までに学習したことを活用します。スピーチしにくい場合は，話す内容を絵に描き，見ながら話させます。話し手も聞き手も札を上げることで，「話の組み立て」を意識することができます。また，諸感覚が意識できるよう黒板に目，耳，鼻，舌，手のイラストを掲示しておきます。そうすることで話し手だけでなく，聞き手も応答で諸感覚を使った表現を取り入れようとする意識が芽生えます。また，相手を見る，口をはっきり開ける，聞こえる声で話す等の態度面の学習も並行して行います。

質問や感想を伝える　　　　　　　　　質問を生かしたスピーチ（部分）

なにいろのひが，みえましたか？

おれんじやあお，みどりです。じゅんばんにかわっていきました。

いろんなひがでて，きれいでした。いろは，おれんじやあお，みどりでした。じゅんばんに，ひのいろがかわっていきました。

◀ここが指導・評価のカギ！▶
話し手・聞き手の双方向で構成意識を高める
スピーチメモ等の経験がない子どもたちにとって，話し手・聞き手の双方が札を上げる活動をすることは，話の構成意識を高め，「書くこと」領域で扱う「文の構成」にもつながります。

スピーチプラン 2

実践例　3年　『話したいな，うれしかったこと』（東京書籍）

「筋道を立てて話す力」を付けるには…

✓ 目指す子どもの姿

　話し手は，最も伝えたいことが聞き手に分かるよう「出来事」と「気持ち」を意識して話せるようにします。聞き手は，「出来事」と「気持ち」を分けて聞き取れるようにします。
　このような話し方，聞き方が身に付くと，聞き手は理解や共感できるときは自然にうなずくなど，表情や態度で表すことができるようになります。そのような聞き手の表情や態度を見ると，さらに話し手の意欲は高まり，学習における好循環が生まれるでしょう。

◀教科書の目標▶

・聞き手に伝わるように，話す事柄を選び，筋道を立てて話すことができる。
・話し手が伝えたいことの中心を考えながらスピーチを聞くことができる。

◀詳しくすると…こんな活動！▶

Point1　話の組み立てを考え，スピーチメモを作る
「出来事」と「気持ち」を区別し，話の組み立てを考えたスピーチメモを作る。

Point2　「出来事」と「気持ち」を区別して話す
「出来事」と「気持ち」を区別する話し方を，アナウンサーの話し方やアナウンス原稿をもとに理解する。

Point3　スピーチゲームで「出来事」と「気持ち」を意識する
ゲーム形式にすることで，楽しみながら話し手と聞き手に「出来事」と「気持ち」を区別することを意識する。

✓ 単元計画（全7時間）

1次（1時間）	2次（3時間）	3次（3時間）
「うれしかった体験」についてスピーチすることを伝え，話題を考える。	「出来事」と「気持ち」を分けて書き出し，スピーチメモを作る。 ↓　　☆Point1 メモの情報を取捨選択し，伝えたい順に原稿を書く。	表現の工夫について考え，スピーチゲームをする。 ↓　　☆Point2・☆Point3 スピーチ発表を行い，学習のまとめをする。

1 話の組み立てを考え，スピーチメモを作ろう

✓ そのまま使える！活動の流れ
① スピーチの構成メモの書き方を知る。（下記のスピーチメモ例を参照）
② 「中」の部分は，「出来事」と「気持ち」に分けられることを理解する。
③ 「出来事」と「気持ち」を区別して，スピーチの構成メモを書く。
④ 友達と話し合いながら，スピーチの構成メモを完成させる。

　まず，教師が模造紙等に，「中」の部分の「出来事」と「気持ち」が区別されていないスピーチの構成メモを用意します。次に，「出来事」には青線，「気持ち」には赤線と区別し，模造紙に線を引き，子どもたちに確認しながら指導します。そして，各自「中」の部分の「出来事」と「気持ち」を区別して，スピーチの構成メモを書かせます。

　その後，二人組で話し合ったり，グループで意見を出し合ったりして，スピーチの構成メモを完成させます。この作業を丁寧にしておくと，話す内容が整理され，筋道を立てて話すことができるようになります。

完成したスピーチメモ（例）

	はじめ		中		終わり
	うれしかったことは、「まどをあけてくれて、ありがとう。」と言われたこと。	できごと	・朝一番に教室に入った。 ・教室もろうかも全部のまどをあけた。 ・二番目に教室に入ってきたのは中野さん。中野さんは、自分のせきにすわった。 ・三番目に入ってきたのは、山本さん。 ・「まどをあけてくれてありがとう。」と言われた。 ・ぼくは、にっこりわらった。	気持ち	・すごくあつかった。 ・しんどかった。 ・みんながよろこんでくれてよかったな。	明日も一番に教室に入って、みんなのためにまどをあけようと思った。

◀ここが指導・評価のカギ！▶
「出来事」と「気持ち」を区別して筋道が通ったスピーチに
「出来事」と「気持ち」を区別して書けるように指導することが大切です。その際，区別することが難しい子どもには，「気持ち」から考えさせると理解しやすいです。

2 「出来事」と「気持ち」を区別して話そう

> ☑ そのまま使える！活動の流れ
> ① 聞き手に伝えたいことを「出来事」と「気持ち」に区別して伝えることを確認する。
> ② テレビやラジオのニュース等を用いて，実際の音声（アナウンス）を聞く。
> ③ ニュース原稿を文字に起こしたものを見せ，「出来事」と「気持ち」を聞き分ける。
> ④ 自分のスピーチメモに「出来事」と「気持ち」を分けて書き込み，読む練習をする。

　３年生の子どもたちには，自分が伝えたいことを「出来事」と「気持ち」に区別する力を付けさせたいものです。スピーチをする際に，話し手は伝えたいことを意識したつもりでも聞き手には伝わっていないことがあります。そこで，伝えたいことを聞き手に伝えるためにはどういう話し方をすればよいか，アナウンスのプロから学び取る活動を入れると効果的です。ニュースキャスター等のアナウンサーは，「出来事」と「気持ち」をうまく区別しています。「出来事」と「気持ち」を区別して話すことは，筋道の通った分かりやすいスピーチをするために必要なことです。そのためには，モデルとするニュース原稿の内容をよく検討することが大切です。

　　　　　　　　　　　ニュース原稿の例

　特集です。平成最後の４月30日から令和元年を迎えた５月１日にかけて，全国各地でたくさんの人がカウントダウンを行い新元号のスタートを祝いました。大阪の道頓堀では，盛り上がった人たちが川に飛び込む姿も見られました。　　　　　　　　　← 出来事

　（　中　略　）

　新しい元号に変わり，日本中がお祝いムードに包まれるのはよいことですが，自分たちだけよければいいわけではありませんよね。令和の新しい時代を迎えた今こそ，そういった行動を見直す機会にしてほしいですね。　　　　　　　　　　　　　← 気持ち

◀ここが指導・評価のカギ！▶
文字化することで音声を聞き分ける力を身に付けさせる

話の中で，「出来事」や「気持ち」がどこに当たるかを理解させるには，ニュースを聞かせるだけでは難しいものです。ニュース等の音声を文字にしたものを見せたり，線を引かせたりする等，視覚と聴覚両方を駆使して判断させることで，子どもたちの理解は格段に深まります。

3 スピーチゲームで「出来事」と「気持ち」を意識しよう

☑ そのまま使える！活動の流れ
① 「伝えたいことってなぁに？」といったゲームをすることを伝える。
（最も伝えたい「出来事」と「気持ち」を当てるゲーム。下記詳細）
② ペアでゲームをして，ゲームの仕方を学ぶ。
③ できるだけたくさんの友達とゲームをする。
④ ゲームをして気付いたこと，分かったこと等の感想を発表する。

　ゲームをすることで，話し手は「出来事」と「気持ち」を区別して話すことに意識した表現をするようになります。また，聞き手は，単に聞くだけでなく，相手の伝えたい「出来事」と「気持ち」を意識して，最も伝えたいことは何かを考えながら聞くことができるようになります。自分では伝えたいことを一生懸命話していても，聞き手に伝わっていなければ意味がありません。ゲーム形式を取り入れることは，話し手，聞き手の学習意欲を高めることができます。

【「伝えたいことってなぁに？」ゲームの流れ】

❶ 話し手は，「出来事」と「気持ち」を区別できるよう意識して話す。聞き手は，話し手が最も伝えたかった「出来事」や「気持ち」をメモしながら聞く。
❷ 聞き手は「出来事」と「気持ち」を区別して話し手に伝え，正解ならそれぞれ1点をカウントする。（全問正解で計2点）
❸ 話し手と聞き手を交代する。
　※できるだけたくさんの友達と交流する。

さっきの話の「出来事」は，「ドッジボールで友だちを初めて当てた」ことです。「気持ち」は，「とびあがるぐらいうれしかった」です。合っていましたか？

◀ここが指導・評価のカギ！▶
楽しみながら音声を聞き分ける力を身に付けさせる
ゲーム形式を取り入れることは，子どもを夢中にして取り組ませることができます。その他のゲーム例として，既習の文学教材を教師が意図的に「気持ち」を抜く等して範読し，足りない言葉（気持ち）を見つけさせる活動が考えられます。

スピーチプラン 3

実践例　6年　『今，私は，ぼくは』（光村図書）

「資料を使ってスピーチする力」を付けるには…

✓ 目指す子どもの姿

　資料を提示しながらスピーチすることを通して，子どもたちには，相手・場面意識を高めて，適切な言葉と表現方法で話せるようになってほしいものです。本単元は，自分が思うことを効果的な資料を提示しながら，相手や場に応じた構成と適切な言葉遣いで説明・報告することを重視しています。これらの話し方を学ぶことで，学校行事や他教科においてまた，中学校へ進学しても自分の思いを相手に伝える際に，どのような準備をすればよいかを主体的に考えられるようになるでしょう。

◀教科書の目標▶

・今思っていることを伝えるために，必要な資料を準備し，話の構成を工夫しながら，場に応じた適切な言葉遣いで話すことができる。

詳しくすると…こんな活動！

Point1　これまでのスピーチ学習で付けた力を確かめる
これまでのスピーチ学習で身に付けた力を確かめるために簡単なスピーチをさせたり，紙面上で確認したりする。

Point2　効果的なスピーチの仕方を身に付ける
教科書のスピーチ例を参考に「自分なら，どんな工夫をしてスピーチするか」を考える。

Point3　効果的な資料の作り方や提示の仕方を身に付ける
聞き手に自分の思いを伝える発表やスピーチをするために，効果的な資料の作り方や提示の仕方を身に付ける。

✓ 単元計画（8時間）

1次（1時間）	2次（4時間）	3次（3時間）
これまでの「スピーチ学習」を振り返り，自分の思いを伝えるスピーチ学習の見通しを持つ。 ☆Point1	教科書のスピーチ例を使って，効果的なスピーチの仕方について学ぶ。　☆Point2 ↓ スピーチメモを作り，必要な資料を準備する。　☆Point3	グループごとにスピーチの練習をする。 ↓ スピーチ発表会を開き，感想を伝え合う。 学習のまとめをする。

1 これまでの「スピーチ学習」で付けた力を確かめよう

✓ そのまま使える！活動の流れ
① 教師が作成した問題に挑戦する。（紙面上で）
② クラス全体で一問ずつ確認する。
③ 誤答を見直して、自分のスピーチの力を確かめる。

　本単元に入る前に、これまでのスピーチ学習でどのようなスピーチの力を付けてきたのかを振り返り、今後の指導計画の方針を決める時間を取ります。実際に、5年生教材『すいせんします』（光村図書）での話し方のポイントを想起させ、教師が事前にスピーチの様子を紙面上に再現し、5年生までの力が身に付いているかどうかを確認しましょう。

　①で作成した設問には、【設問1】「何にふさわしい人をすいせんするための発表ですか。」で「スピーチの内容」、【設問3】「発表の仕方（構成）で共通していることをまとめましょう。」で「構成」、【設問4】「すいせん文を読んで、どちらの意見により納得しましたか。キーワードを使って、そのわけを書きましょう。」と「スピーチの工夫」をそれぞれ書

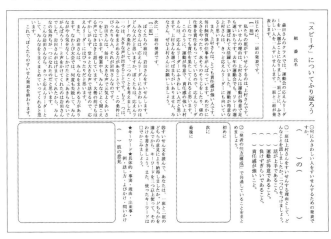

教師が作成した問題（例）

くことで、それまで身に付けた力を確かめられるものにします。②では、クラス全体で一問ずつ確認します。その際、なぜこの答えが正解になるのか、なぜこの答えは不正解なのか、理由とともに確認させます。【設問4】では、使ったキーワードを出し合いながら、これまでに学んだことを整理していくようにします。以上のことを確認した上で、子どもたちの現状と照らし合わせ、単元計画を見直し、実際の指導に当たりましょう。

◀ここが指導・評価のカギ！▶
スピーチのレディネスチェックを！
前学年までに付けた力を把握することが必要です。問題の正答状況を確認しながら、教え直しを含めた単元（学習）計画を立てることが、その学年で身に付けさせたいスピーチ力の育成につながります。

2 効果的なスピーチの仕方について学ぼう

✓ そのまま使える！活動の流れ

① 付属CDのスピーチ例を聞かせ，何についての「スピーチ」か，内容の確認をする。
② どのような構成になっていたかを，教科書が示す構成の表で確認する。このとき，「はじめ」「中」「終わり」になっていることを確かめる。
③ 教科書のスピーチ例を読み，スピーチの工夫点を出し合う。
④ スピーチにおける資料の提示方法についてふれておくことで，どのような資料を事前に準備すべきかの参考にする。

教科書（スピーチのモデル文）

【発問例】
・間を取ることや，聞き手の表情を見ることは，スピーチにどのような効果があるでしょうか。「する場合」と「しない場合」で考えてみましょう。

【発問例】
・資料をここで見せることで，どのような効果があるでしょうか。見せない場合は，どうでしょうか。

◀ここが指導・評価のカギ！▶
スピーチを支える工夫の効果を実感する

「資料を使う」「聞き手の表情を見る」「間を取る」など話の内容を支える工夫を教師がしたり，子どもにさせたりすることは効果的です。さらに，弁論大会や国会中継など実際のスピーチを見せることで，スピーチを支えるための効果が実感できます。

3 効果的な資料の作り方や提示の仕方を学ぼう

> ✓ **そのまま使える！活動の流れ**
> ① 発表に必要な情報を調べる。（本時までに）
> ② 図表の効果的な使い方や見せ方を考える。
>   ・図，表，絵，写真などの特徴や効果を考える。
>   ・スピーチでの資料の見せ方やタイミングを考える。
> ③ 資料内の情報の絞り方を学び，資料を作成する。

　6年間の小学校生活を振り返りスピーチする子どもたちは，たくさんの思い出を持っています。「スピーチで友達にどんなことを伝えようかな。」と思いを巡らすことでしょう。本学習では，そのような思い出をもとに，聞き手に資料を用いて伝えます。自分の思いをさらに友達に分かってもらうために，資料を効果的に使う意識を持たせましょう。

【この単元での資料の効果的な使い方】

図，表 …伝えたい文字を大きく書いたり，身長の変化等をグラフにしたりするなど，一目で何を伝えたいかが分かる。

絵 …伝えたいイメージに合わせて描くことができる。

写真 …一番思い出に残っている写真や発表に関わる写真等を使うと，イメージがすぐに伝わりやすい。

【情報の絞り方】
① 発表に必要な情報を付箋に箇条書きする。
② 「はじめ・中・終わり」等の構成に合わせて①で作った付箋を貼る。
③ 伝えたい内容に合わせて付箋を並べ替えたり減らしたりしながら，情報を絞り込む。

◀**ここが指導・評価のカギ！**▶

付箋を使って情報をしぼる！

たくさんの情報を整理するために，まず，伝えたいことをすべて付箋に書きます。付箋を使うことで，情報を並べ替えたり減らしたりすることが簡単にできるので，伝えたいことを文字で整理しながら，情報を絞り込むことができます。

| 話し合いプラン 1 | 実践例　1年　『「すきなものクイズ」をしよう』（東京書籍） |

「話題に沿って質問する力」を付けるには…

✓ **目指す子どもの姿**

　クイズの出題者は，「好きなもの」を様々な視点から多角的に捉えることや，解答者が正答に辿り着くことができるヒントを出すことが大切です。さらに，質問されたことに対して的確に答えることができるようにさせましょう。また，解答者としては，出題者が提示したヒントから正答を予想し，正答に辿り着くために三つの質問ができるようにします。質問したり質問に答えたりする言語活動を通して，相手の話を受けて，展開を予測しながら話すことができる子どもを育てましょう。

◀教科書の目標▶

・相手の話をよく聞き，話題に沿って質問したり質問に答えたりすることができる。

詳しくすると…こんな活動！

Point1　諸感覚を使って好きなものの特徴を考える
生活科で学んだ諸感覚を使った活動を思い出し，好きなものの特徴を考える。

Point2　モデル文を活用し「すきなものクイズ」の仕方を学ぶ
質問の中に込められた内言を読むことで，教科書のモデル文の質問の意図について理解を確かなものとする。

Point3　質問と理由を考える
三つの質問のうち，二つ目の質問の答えまでを提示し，正答に導くための最後の質問と理由を考える。

✓ **●単元計画（8時間）**

1次（1時間）	2次（5時間）	3次（2時間）
学習の見通しを持ち，クイズにしたい「すきなもの」を考える。	好きなものの特徴をもとにヒントをいくつか考える。 　　　　　　　☆Point1 一つ目と二つ目の質問の理由を考える。　　　☆Point2 ↓ 最後の質問を考える。 　　　　　　　☆Point3	友達とクイズ大会の練習をする。 ↓ 「すきなものクイズ大会」を行い，学習を振り返る。

1 諸感覚を使って好きなものの特徴を考えよう

☑ **そのまま使える！活動の流れ**

① クイズの答えをメロンとし，その特徴について，諸感覚を活用して考える。（色，形，味等の特徴を考える。）
② 果物や野菜等が持つ特有の観点を確認し，自分の好きなもののヒントを諸感覚から考えてワークシートに書く。
③ 「赤い野菜」というヒントでは，すぐに答えが絞られてしまうことに気付かせ，最初のヒントにふさわしいものを一つ選ぶ。

　諸感覚の表現の仕方（ざらざら，でこぼこ，すっぱい，あまずっぱい……）は，個人差があるので最初に様々な例を出してクラス全体で共通理解を図ります。また，複数のヒントを考えさせることで，質問に答えたり質問を考えたりするときの手立てになります。例えば，後述する「さくらんぼ」と「りんご」について，特徴を共有させておくと質問の吟味がスムーズにできます。そして，最初に出題者が出すヒントは答えが特定されにくいものの方がよいことに気付かせ，考えたヒントから一つを選ばせましょう。

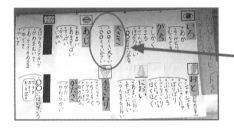

大きさの感覚は個人差があることを理解させて，「ドッジボールくらい」「ビー玉くらい」等共通して知っている物に例えると相手に伝わりやすいことを子どもたちと共有しておく。

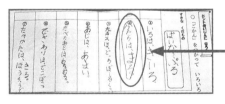

数多く考えたヒントから，一回目では，正答に辿り着かないようなヒントを選ぶようにする。そのためには，どのようなやりとりが展開されるかを予測させることが大切になる。

◀**ここが指導・評価のカギ！**▶

諸感覚を使い，好きなものの特徴を捉える

クイズを楽しくするには，ヒントが大切です。諸感覚を働かせつつも，客観的に特徴を捉え，クイズに生かすことが大切です。
（例）・いちご（色は赤。形は三角。味は甘い。触るとざらざら。）
　　　・ぞう（色は灰色。大きさはトラックぐらい。鳴き声はパオーン。）

Point 2 モデル文を活用し「すきなものクイズ」の仕方を学ぼう

✓ そのまま使える！活動の流れ

① モデル文を読み，一つ目と二つ目の質問の理由を考えさせ，まだ聞いていないことを質問していることに気付く。

② 「色は○○ですか。」と質問すると「いいえ。」と答えられたときに色が分からないままになることをおさえ，「どんな～」「どのように～」といった質問の有用性に気付く。

③ 質問によって答えの候補が徐々に絞られていることをワークシートで確認する。

　教科書のモデル文から解答者の質問の意図を考えさせます。なぜそのような質問をしたのかを考えさせることで，三回という限られた質問で好きなものの特徴を確実に知るポイントと共に解答者の思考に目を向けさせます。解答者の思考に目を向けさせるために，モデル文の上部に吹き出しをつくり，解答者がどのような思考を辿り，発話に至ったのかを考えさせます。解答者の思考（以下，内言）を可視化することで，「質問するときにはこのようなことを考えて質問すればいいのか」「二回目の質問では，一回目の質問と関連させて○○のようなことを考えて聞けばいいのか」等が具体的に分かりやすくなります。

☆質問を書かせる際に考えさせる発問

・なぜ「色は黄緑ですか。」と質問してはいけないのでしょう。

→「いいえ。」と言われたら色が分からないままになってしまうから。

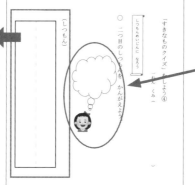

内言については，教科書では扱っていない。しかし，内言を示すことで質問の意図がよく分かる。内言を示し，質問によって答えを絞っていることを理解させるには，有効な手立てといえる。

◀ここが指導・評価のカギ！▶
展開を予測したつながりのある質問を書く

二回目の質問では，一回目の質問と関連させて質問します。まだ聞いていないことや「どんな～ですか。」「どうやって～しますか。」等を使っているか，展開を予測し，つながりのある質問ができているかに気を付けて質問を書かせることで，考えを整理させます。

3 最後の質問と理由を考えよう

> ✓ そのまま使える！活動の流れ
> ① 教師が用意した問題の二つ目までの質問と答えを確認する。
> ② 答えを当てるための三つ目の質問と理由を考えさせ，展開を予測した質問（例：りんごとさくらんぼの違いを聞いている質問）がよいことに気付く。
> ※気付かせる手立てとして，教師が，「どんな形ですか。」の質問を提示し，形はどちらも丸で同じだから答えが分からないことに気付かせる。そして最後には，違いを見つけて答えが一つになる質問がよいことを学べるよう指導する。

　予測される答えが二つに絞られた時点で，最後の質問を考えさせ，話の展開を予測した最後の質問ができるようにします。前時に学習した教科書のモデル文中の「さわると，でこぼこしていますか。」の質問を思い出させ，答えを決定づけるためにどんな質問をしたらよいか考えさせます。そして，考えた質問と理由を出し合い，じっくり考える中で，最後の質問は展開を予測し，正答を断定することのできるものがよいことに気付かせましょう。

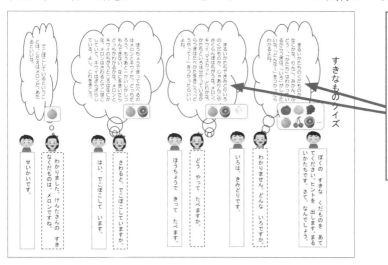

内言を読むことで，一つ目と二つ目の質問がどのような予測から生まれたのかを考える。そうすることで，最後の質問のポイントをつかむことができる。

◀ここが指導・評価のカギ！▶

展開を予測した最後の質問を書いている

最後の質問は，考えた質問と理由を出し合い吟味する中で，展開を予想し，正答を断定することのできるものがよいことに気付かせましょう。
（例）・さわると硬いですか。（りんごだったら硬くて，さくらんぼだったらやわらかいから）

話し合いプラン 2

実践例　2年　『みんなできめよう』（光村図書）

「互いの話を聞き合い話し合う力」を付けるには…

☑ 目指す子どもの姿

　グループで考えを一つにまとめるために，自分の考えを話すだけでなく，相手の話を聞き，質問したり同意したりしながら「話し合い」ができる子どもを目指します。そのために，教科書のモデル文を参考に，必要な役割や話し合うときの発言の仕方を整理することで話し合いの仕方を理解させます。そして，実際に話題を決めて話し合わせ，役割を体験したり言葉を活用したりしていく中で，考えを一つにまとめていくために必要な話し合いの仕方を身に付けさせます。そのような経験を積ませる中で他教科や日常生活の中において，「話し合い」が行える子どもを育てます。

◀教科書の目標▶

・互いの話を注意して聞き合い，話題に沿って話し合うことができる。

詳しくすると…こんな活動！

Point1　話し合いの仕方を学ぶ
教科書を参考にしたモデル文を使って話し合いの仕方を学ぶ。

Point2　内容を深める質問を考える
教科書を参考にしたモデル文の中で分からないことや詳しく聞きたいことを見つけ，その答えを得るための質問を考える。

Point3　グループの意見を一つにまとめる
グループの意見をまとめる言葉を考えるとともに，合意に向かうためには，同意する発言が大切であることに気付く。

☑ ●単元計画（8時間）

1次（1時間）	2次（4時間）	3次（3時間）
他教科と結びつける等，話し合う活動に必然性を持たせ，学習の見通しを持つ。	話し合いの手順やルールを学ぶ。 ☆Point1 ↓ 話し合いを深める質問を考える。 ☆Point2 ↓ グループの意見をまとめる。 ☆Point3	ポイントを確認し，実際に話題に沿って話し合う。 ↓ 振り返りテスト等を行い，話し合いの力が身に付いたか確かめる。

38

1 話し合いの仕方を学ぼう

> ✅ そのまま使える！活動の流れ
> ① 教科書を参考にしたモデル文を役割読みさせ，話し合いの議題や内容を確認する。
> ② 「山田さんのグループの話し合いのよいところはどこですか。」と問い，自分たちが行うグループでの話し合いの仕方を考える。
> ③ 出た意見の中から，「話し合いで大切なこと」をまとめ，確認する。

　教科書では，「はじめに」「考えをいうとき，考えを聞くとき」「友だちと考えを出し合うとき」「さいごに」の四場面に分け，話し合いの進め方が吹き出しとイラストを使って分かりやすく説明されています。同じようなモデル文を提示する際には，話し合いのよさを見つけていく中で子どもたちとともに学習を進めながら，「話し合いで大切なこと」をまとめます。

モデル文（教科書を参考に著者作成）

> ◀ここが指導・評価のカギ！▶
> 「話し合いで大切なこと」を理解し，説明できる
>
> 教科書のモデルを参考に「話し合いのよいところはどこですか。」という問いに対して，子どもたちは様々な観点で意見を述べると考えられます。「話し合いで大切なこと」は，「はじめに」「考えをいうとき，考えを聞くとき」「友だちと考えを出し合うとき」「さいごに」といったプロセス意識など，子どもに分かりやすい言葉でまとめていくことが必要です。

2 内容を深める質問を考えよう

> ✓ **そのまま使える！活動の流れ**
> ① 教科書を参考にしたモデル文（P.39）を役割読みさせ，話し合いの議題を確認する。
> ② モデル文中の「たとえば，どんな歌がいいですか。」に着目させ，質問により相手の意見がより詳しく，分かりやすくなったことを確認する。
> ③ モデル文を読み，分からないことや詳しく聞きたいことを見つけて質問を考えてワークシートに書き，交流する。

　相手の意見で分からないことや詳しく聞きたいことがあれば質問することで，話し合いが深まり，合意に向かう話し合いが可能になります。そこで，教科書を参考にしたモデル文を使い，不足している情報を見つけることで，質問の仕方を学ぶとともに，相手に分かりやすく伝える意見の言い方についても確認し，実際の話し合いで活用できるようにします。

モデル文（P.39）のくぼさんの発言「たとえば，どんな歌がいいですか。」に着目させる。この質問によって，より詳しい意見になったことを確認する。

【質問や意見の言い方を考える】
不足している情報を補う質問の仕方や相手に分かりやすく伝えるための意見の言い方を学ぶ。

質問の例
○「友達しょうかいクイズ」と「歌」のどちらがいいと思いますか。（選択）
○なぜ，歌を入れるといいと思うのですか。（理由）

意見の例
○校歌がいいと思います。理由は，これから学校でよく歌うので早く知ってもらいたいからです。（意見と理由）

◀ **ここが指導・評価のカギ！** ▶
質問の仕方について理解している

質問としては，「どんな～ですか。」（内容を詳しくする），「なぜ，～ですか。」（理由を問う），「どちらが～ですか。」（選択を問う）が挙げられます。意見を述べる際には，必ず理由を付けて話すように指導することで，理由を問う質問が省かれ，質問の種類を増やすことにもつながります。

3 グループの意見をまとめよう

☑ そのまま使える！活動の流れ
① （文字に起こした）例題を役割読みして，話し合いの議題を確認する。（設問1）
② 例題のワークシートの考えに棒線，理由に波線を引き，意見を確認する。（設問2）
③ 司会のまとめの言葉と，そのようにまとめた理由を書き，交流する。（設問3）

　ここでは，全員に司会者の立場に立たせてグループの意見をまとめる練習をします。その際，なぜそのようにまとめたか理由も問うことで，同意する発言に着目させ，その重要性に気付くことができます。グループで話し合って意見をまとめるためには，グループの全員が，合意に向かう話し合いであるという意識を持つことが必要であり，この活動を通じて意識を高めることができます。

【設問2】それぞれの考えと理由に線を引きましょう。

【設問1】何についての話し合いですか。

●話し合いをすすめる山田さんになってグループの意見をまとめよう。
山田：今から，どんなてん入生をむかえる会にしたらいいかを話し合います。はじめに，どんなクイズと，どんなくふうをするかを話し合います。
くぼ：ぼくは，友達しょうかいクイズがいいです。クイズで友達のことを分かってもらえるからです。
山田：楽しくクラスの友達のことを分かってもらえるからいいですね。
三木：わたしは，歌も一緒に歌ってみたいです。その方が一緒に楽しめると思うからです。
くぼ：たとえば，どんな歌がいいですか。
三木：校歌がいいと思います。これからよく歌うので知ってもらうためにもみんなで歌ったらいいと思います。
くぼ：校歌はいいですね。歌も入れるといいと思います。
三木：わたしさんせいです。歌を入れれば，聞いている人も楽しくなりそうです。
くぼ：ぼくも，歌を入れるといいと思います。
山田：それでは，

このようにまとめた理由

【設問3】まとめの言葉とそのようにまとめた理由を考えましょう。

文字に起こした例題

◀ここが指導・評価のカギ！▶
同意する発言の必要性を理解している
話し合いに参加している全員が合意に向かう話し合いをしていることを確認します。そのためにも，「○○はいいですね。」や「ぼくも，〜だから○○がいいと思います。」といった同意する発言も重要であり，よいと思った意見があれば積極的に同意する発言をするよう助言しましょう。

41

話し合い
プラン
3

実践例　3年　『つたえよう，楽しい学校生活』（光村図書）

「進行を考えながら話し合う力」を付けるには…

✓ 目指す子どもの姿

　子どもたちに，話し合いでの司会の役割やその必要性に気付かせ，司会の進行に沿ってお互いの考えをまとめていく力を身に付けさせます。本単元は，お互いの考えの共通点や相違点を整理し，司会や提案等の役割を果たして，話し合いの方法を身に付けることを重視しています。司会者として，話し合いの進め方を学び，参加者の考えをまとめていく力を付けさせ，学校生活での様々な場面でその力を活用させましょう。また，参加者としても自分の考えとその理由を相手に分かりやすく伝える話し方や友達の意見との共通点や相違点を考えながら話し合うことを通して，よりよい話し合いの方法を身に付けさせます。

◀教科書の目標▶

・互いの考えの共通点や相違点を整理し，司会や提案などの役割を果たしながら，話し合うことができる。

詳しくすると…こんな活動！

Point1　教科書のモデル文から，話し合いの進め方を学ぶ

「もしあなたなら，どんな発言をするか」等，モデル文中のやりとりを踏まえて考える。

Point2　話し合いをモニタリングし，振り返る

少人数（3〜4人）で話し合いを行い，お互いの話し合いをモニタリングする。

Point3　司会の進行について学ぶ

実際の話し合いのモニタリングから，再度司会の進行について考える。

✓ 単元計画（全15時間中の「話し合い」に関わる4時間）

1次（1時間）	2次（2時間）	3次（1時間）
学習の見通しを持つ。	話し合いの仕方や司会の役割について学ぶ。　　☆Point1 ↓ 話し合いの練習をしたり，お互いの話し合いをモニタリングしたりする。 　　　　　　☆Point2 ↓ モニタリング後，司会の進行について学ぶ。 　　　　　　☆Point3	話し合いを振り返り，学習のまとめをする。

42

1 教科書のモデル文から、話し合いの進め方を学ぼう

☑ **そのまま使える！活動の流れ**
① 教科書付属のCD（もしくは教師の範読）を聞かせ、「何についての話し合い（やりとり）なのか」を確認し、話し合いのよい点を発表する。
② 教科書のモデル文から「司会が発言しているところ」「参加者が発言しているところ」に線を引く。また、話し合いの進め方の区切りにも線を引き、話し合いの進め方（プロセス）を意識する。
③ 司会者、参加者の留意点をクラス全体で確認する。

　教科書のモデル文を検討し、話し合いの仕組みを学ぶと同時に、本単元で付けたい言葉の力を教科書のモデル文上で検討します。モデル文を提示する前に、教科書付属のCDや教師の範読を聞かせて、話し合いの具体的なイメージを持たせます。

発問に対して教科書の該当箇所に線を引く

　教科書のモデル文には、話し合いの進め方に関する記述がたくさんあります。モデル文をもとに「司会が発言しているところはどこですか。」「参加者が発言しているところはどこですか。」のように発問します。発問に対して教科書の該当箇所に線を引くことのできる力を付けることで司会者、参加者の役割や話し合いの進め方（プロセス）が分かり、実際の話し合いもスムーズに進行する可能性が高くなります。

◀ **ここが指導・評価のカギ！** ▶
話し合いの仕組みや役割を理解する
重要なことは、「司会者」「参加者」としての話し合いの役割をしっかりと理解させることです。役割を理解し、さらに話し合いの進め方（プロセス）を全員で共有することで、司会の進行に沿った話し合いができると考えられます。

2 話し合いをモニタリングし，振り返ろう

> ✓ そのまま使える！活動の流れ
> ① 文字化した資料（前時までに話し合いをさせたグループの話し合いを文字起こししたもの）を検討し，よかった点と改善点を考える。
> ② クラスで改善点を共有した後，一つのグループの話し合いをモニタリングする。
> ③ みんなからの気付き（よかった点，改善点）を発表する。
> ④ 自分たちで決めたテーマで話し合いをする。

　ここでは，実際の話し合いを文字化して，よりよい話し合いについて検討させ，よかった点や改善点について考えさせます。また，一つのグループを取り出して，前で話し合いをさせます。その際，教師が指導のポイントごとに助言することが大切です。瞬時にやりとりがされる話し合いにおいては，即時評価が大切です。また，グループごとに担当する子どもを決め，発言メモをとり，後で振り返ることができるようにしておきます。例えば，「今の司会者の北村さんの発言で，よかった点がありました。どんな発言でしたか。発言記録を見て答えましょう。」「この後，あなたならどのように話し合いを進めますか。」等が考えられます。この学習をした後，自分たちで決めたテーマでの話し合いへと広げていきましょう。

【テーマの例】
・1年生に「学校紹介」をするのにどんなことを紹介するか
・給食室の調理師さんの仕事についてどんなことを全校生に伝えるか　　等

◀ここが指導・評価のカギ！▶
音声の録音や聞き取りを重視する
教師がメモをとりながら，子どもの発言に評価や指導を行うことが必要です。また，ICレコーダー，ビデオ，タブレット等音声が録音できるものを活用し，話し合いのやりとりを確認することも大切です。教師の感覚だけに頼らず，音声を保存したり記録したりしながら客観的な評価を行いましょう。

3 司会の進行について学ぼう

☑ **そのまま使える！活動の流れ**
① 話し合いを文字化した資料をもとに，一つのグループが話し合いを再現する。
② 他のグループ全員が司会の立場になり，メモをとりながら話し合いを聞き，意見の共通点や相違点をメモしながら，話し合いの進め方を考える。
③ 最後に司会として，話し合いで出た意見を整理し，話し合いを振り返る。

司会のメモ例

```
ウォークラリー集会 のしょうかい
山田  ペア学年の友だちとまわる
井上  クイズ  むずかしい
竹下  学校クイズ
川上  クイズのこたえ  組み合わせ
```

【司会のメモ活用】
① 事前に「話題」「話し合うメンバーの名前」を書き込んでおく。
② 「誰が」「どのような意見か」を短く書く。
③ メモを見返しながら，意見の共通点と相違点を整理し，まとめる。

司会として話し合いの進め方を学ぶためには，繰り返し経験を積むことが大切です。教科書のモデル文や子どもたちの話し合いを文字化したもの等，紙面上で話し合いや司会の進行を学ばせた後は，実践を重ねていきましょう。

◀**ここが指導・評価のカギ！**▶
実際の話し合いで司会の進行を学ぶ

実際の話し合いは，音声のみで進んでいきます。紙面上で話し合いの仕組みや司会の進行を繰り返し学ばせたら，音声のみのやりとりで進めていけるように習得させたことを活用させる場が必要です。その際には，聞き取ったことを記録する簡単なメモをとらせるようにしましょう。

| 話し合い
プラン
4 | 実践例　4年　『クラスで話し合おう』（東京書籍） |

「自分の役割を考えて話し合う力」を付けるには…

✓ 目指す子どもの姿

　子どもたちに学習課題について考えさせるための手段として，話し合いを取り入れる授業が増えています。しかし，その多くが「一部の子どもが発言するだけで終わってしまう」「全員が発言しないまま，多数決で決まってしまう」といったことはないでしょうか。子どもたち一人ひとりに話し合いを大切にする態度を育成するためには，話し合いそのものを教える授業を丁寧に行うことが必要です。まずは，話し合い教材の中に見られるモデル文の構造を分析するところから始めます。そこには，話し合いのプロセスや司会者，参加者等の発言を通して，付けたい言葉の力が示されています。それらの力を把握した上で，話し合い指導を行いましょう。

◀教科書の目標▶

・司会，提案者，参加者というそれぞれの役割を意識しながら，議題に沿って話し合おうとすることができる。

詳しくすると…こんな活動！

Point1　話し合いの仕方や司会，参加者の留意点について学ぶ
モデル文を検討し，話し合いの仕組みを学ぶと同時に，単元を通して付けたい言葉の力を理解する。

Point2　話し合いを検討する
少人数（3～4人）で話し合いをさせ，お互いの話し合いをモニタリングする。

教師編　モデル文を活用した教材研究をする
教師がモデル文を活用した教材研究を行い，付けたい力を把握する。

✓ 単元計画（全5時間）

0次（単元前）・1次（2時間）	2次（2時間）	3次（1時間）
モデル文を活用した教材研究をする。　　　　　　☆教師編 3年生までの話し合いの学習を振り返る。 ↓ 話し合いのよい例・悪い例の音声CDを聞き，学習の見通しを持つ。	話し合いの仕方や司会，参加者の留意点について学ぶ。 ↓　　☆Point1 話し合いをしたりお互いの話し合いをモニタリングしたりする。 　　　　☆Point2	学習を振り返り，話し合いの力が身に付いたかを確認し，学習のまとめをする。

Point 1 話し合いの仕方や司会，メンバーの留意点について学ぶ

> ☑ そのまま使える！活動の流れ
> ① 教科書のモデル文を役割読みさせ，話し合いの内容を確認する。
> ② 「司会が意見を促しているところ」「メンバー同士で，質問しているところ」等について，モデル文の該当箇所に線を引く。
> ③ ②の箇所をクラス全体で確認する。

　教科書のモデル文を検討し，話し合いの仕組みを学ぶと同時に，本単元で付けたい言葉の力を理解させます。モデル文を提示する際に，付けたい言葉の力につながる発言や意図は伏せて提示してもよいでしょう。【教師編】（本書 P.49〜）で行う教材研究を生かした発問（留意点について学ぶ）を行い，話し合いをより深く理解させましょう。

【司会としての各意見に対して同じところ・ちがうところを意識した発言】
・一人一人が感謝の気持ちを伝えられるという点では，手紙も同じですが，どちらがよいでしょうか。

【メンバーとして議題の目標に沿った発言】
・ポスターだと，調理員さんに直接，気持ちを伝えることにはなりませんね。

教科書（スピーチのモデル文）

　②の活動のように線が引けるということは，話し合いをしても目標に沿った進行や発言ができる可能性が高いです。また，具体的な言葉や話し合いのイメージもつかみやすくなります。

> ◀ここが指導・評価のカギ！▶
> モデル文の分析を生かした発問を！
> モデル文について，「なぜ，このような質問をしているの」「どの発言と関連しているの」といった発問も事前に準備しておくことが大切です。上記の発問に対する反応は，教え直し，指導計画の軌道修正につながります。

2 話し合いを検討し，次の話し合いに生かそう

> ✅ そのまま使える！活動の流れ
> ① グループの話し合い（話し合いを文字化した資料）を検討する。
> ② 検討したものの中で，話し合いで大切なポイントを共有し，少人数で話し合いをする。
> ③ 少人数による話し合いをメンバーで振り返る。

「話し合い」を文字化するときには，ICレコーダー等を活用します。全てを文字化するには，大変な労力がかかります。そこでまずは，話し合いの目標に沿った「やりとり」に絞った箇所のみを文字化するようにします。文字化をするタイミングは大きく❶から❸が考えられます。

> ❶ 話し合いをする前（事前の話し合い）
> ❷ 話し合いの時間内（話し合いをしている最中）
> ❸ 話し合い後（話し合いが終わった後，次の話し合いをする時間まで）

様々なタイミングがありますが，基本は話し合いをしている最中です。即時的に文字化することで評価にもつながり，❷・❸の活動の手助けとなります。

まずは，教師自らが黒板に話し合いの「やりとり」を板書します。その際，キーワードや単語から板書を始めてみましょう。キーワード，単語が板書にあれば，話し合いの全体像を子どもたちも補うことができるため，少人数で話し合いをする際にも有効です。

また，板書として文字化したものを残さないときは，メモをとりながら聞き，話し合いを振り返ることができるようにしておきます。

◀ここが指導・評価のカギ！▶
文字化で話し合いを具体的に振り返らせる
話し合いを文字化し，それを見ながら子どもたちに話し合いを振り返らせることは，実際の発言をもとに話し合いを具体的に検討することを可能にします。検討する際の視点として，話し合いの目標に沿った発言を取り上げることが大切です。目標に沿った発言がなければ補助発問をし，どのような発言ができるかを考えさせます。

教師編
モデル文を活用した教材研究をしよう

☑ **そのまま使える！活動の流れ**

① 教科書のモデル文中の役割を確認する。（司会，参加者，記録，提案者等）

② モデル文の話し合いを読み，「まとまり」を見つける。

③ 「まとまり」ごとに見出しを付ける。

（見出しを付けた後，モデル文の話し合いの過程（プロセス）と照らし合わせる。）

④ モデル文中に示された話し合いの過程（プロセス）の有無を確認する。

⑤ 別紙にモデル文で示されている司会の発話と参加者の発話をそれぞれ上下に書き分ける。

⑥ ⑤の中で重要な役割を果たしていると考えられる発話を囲む。

⑦ ⑥を整理する。

⑧ モデル文を読み返し，①～⑦以外の気付きを書き出す。

⑨ ①～⑧を踏まえて，類似のモデル文を作成する。

⑩ 作成したモデル文を複数の教師と共有する。

　モデル文の教材研究（分析）を行うことは，単元の目標（付けたい力）を明確にすることであり，それを踏まえてどのような指導を行うことができるのかを考えることにつながります。

　そこで，上の①～⑩の手順で教材研究をしてみましょう。以下，モデル文（「グループで話し合おう」東京書籍３年下を参考に著者作成）をもとに教材研究の実際を示しながら解説します。

☑ **教材研究の実際**

> ① 教科書のモデル文中の役割を確認する
>
> 　（司会，参加者，記録者，提案者等）。

　モデル文は，「グループで話し合うもの」「クラス全体で話し合うもの」と様々な形態をとっています。また，モデル文は，グループ，クラス全体等，話し合いの形態を問わず，話し合いを運営する上での役割がそれぞれ与えられています。例えば，司会，提案者，参加者，記録係です。このような役割をモデル文から探し出し，書き出します。同時に人数も確認します。次に示すモデル文で言えば司会が１名，参加者が，まき，ゆい，ゆうたの３名のグループで話し合いが行われていることが分かります。（本モデル文は，提案者，記録係といった役割はありません。）

【モデル文】

まき　わたしは、けん玉がいいと思います。けん玉の色々な「わざ」を見ると、すごいと思うからです。

ゆい　わたしは、歌を歌ったらいいと思います。みんなが知っている曲を歌うと楽しい気分になるからです。

ゆうた　ぼくは、○×クイズをしたらいいと思います。○×で答えるので、かんたんだし、もりあがると思うからです。

司会　今までに出た意見をまとめます。けん玉、歌、○×クイズという意見が出ました。では、次にそれぞれの意見について、順番に質問をお願いします。

まき　ゆいさんに質問します。みんなが知っている曲と言っていたけど、例えばどんな曲を歌うのですか。

ゆい　そうですね。音楽の時間に先生に教えてもらった曲がいいかなと思います。例えば「春夏秋冬」などです。

ゆうた　まきさんに質問します。けん玉は、一人でしますか、グループでしますか。

まき　グループの中から、一人ずつ出てきて、すればいいと思います。

ゆい　ゆうたさんに質問します。○×クイズを出すのですか。

ゆうた　そうですね。小学校のことを○×クイズにしようと思います。例えば、「くつばこの近くでかっている、水そうの中のメダカは六ぴきである、○か×か」などです。

（平成二十七年　東京書籍三年下「グループで話し合おう」を参考に著者作成）

---

② モデル文を読み，話し合いの「まとまり」を見つける。

　モデル文には，物語文や説明文の段落や場面に当たる「まとまり」が存在します。物語文や説明文では，「はじめ・中・終わり」，「序論・本論・結論」といった呼び名で「まとまり」として内容を捉えることがあります。それと同様にモデル文の中で「まとまり」を見つけることが可能です。それを捉えるために，指導者が「まとまり」だと考える箇所を囲みます。例えば，先に示したモデル文は，以下のような囲みができます（図1）。

　また，なぜこのような囲みをしたのか理由を考えることが大切です。理由を考えることが，次の③見出し（ネーミング）を付けることにつながるのです。

図１　モデル文を囲んだもの（例）

司会　今までに出た意見をまとめます。けん玉、歌、○×クイズという意見が出ました。では、次にそれぞれの意見について、順番に質問をお願いします。

まき　ゆいさんに質問します。みんなが知っている曲と言っていたけど、例えばどんな曲を歌うのですか。

ゆい　そうですね。音楽の時間に先生に教えてもらった曲がいいかなと思います。例えば「春夏秋冬」などです。

ゆうた　まきさんに質問します。けん玉は、一人でしますか、グループでしますか。

まき　グループの中から、一人ずつ出てきて、すればいいと思います。

ゆい　ゆうたさんに質問します。○×クイズは、例えば、どんなクイズを出すのですか。

ゆうた　そうですね。小学校のことを○×クイズにしようと思います。例えば、「くつばこの近くでかっている、水そうの中のメダカは六ぴきである、○か×か」などです。

③　②で見つけた「まとまり」ごとに見出しを付ける。
（見出しを付けた後，教科書が示す「プロセス」などと照らし合わせる。）

先に示した「まとまり」に見出しを付けます（図２）。そうすることでモデル文がどういった構成となっているのか等を知り，目指すべき話し合いを指導者が把握することができます。その後，指導者が付けた見出しと教科書が示す見出し（プロセス）との確認作業を行いましょう。

＊　モデル文によっては，見出し（プロセス）が示されていないものもあるため，複数の指導者で確認する必要があります。

図２　「まとまり」に見出しを付けたもの（例）

見出し

出た意見の整理

話し合いの目的に沿って質問し合う

司会　今までに出た意見をまとめます。けん玉、歌、○×クイズという意見が出ました。では、次にそれぞれの意見について、順番に質問をお願いします。

まき　ゆいさんに質問します。みんなが知っている曲と言っていたけど、例えばどんな曲を歌うのですか。

ゆい　そうですね。音楽の時間に先生に教えてもらった曲がいいかなと思います。例えば「春夏秋冬」などです。

ゆうた　まきさんに質問します。けん玉は、一人でしますか、グループでしますか。

まき　グループの中から、一人ずつ出てきて、すればいいと思います。

ゆい　ゆうたさんに質問します。○×クイズは、例えば、どんなクイズを出すのですか。

ゆうた　そうですね。小学校のことを○×クイズにしようと思います。例えば、「くつばこの近くでかっている、水そうの中のメダカは六ぴきである、○か×か」などです。

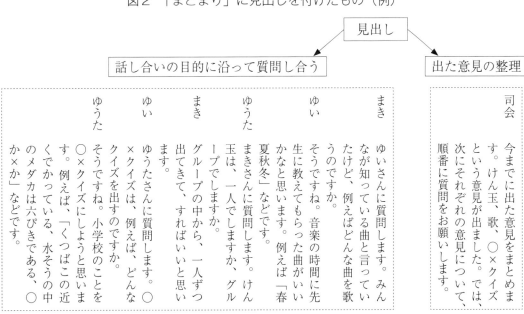

> ④　モデル文中に示された「プロセス」の有無を確認する。

　「プロセス」は，話し合いを進める順序のことであり，いわば話し合いの計画書です。「プロセス」に着目し，モデル文を見ることで，その展開（進行）を明確に掴むことが可能となり，目指すべき話し合いが一層具体的になります。

> ⑤　別紙にモデル文が示す司会の発話と参加者の発話をそれぞれ上下に書き分ける。

　明確にモデル文の内容をつかむため，①で確認した役割（キャラクター）が，どのような発話をしているか，把握することに努めます。
　例えば，図３のように司会と参加者の発話を分けて書き出します。そうするといくつの「発話」でモデル文が構成されているかが分かります。また，司会，メンバーの発話の中で，付けたい言葉の力につながる発話が明確となります。

図３　発話を書き出したもの（例）

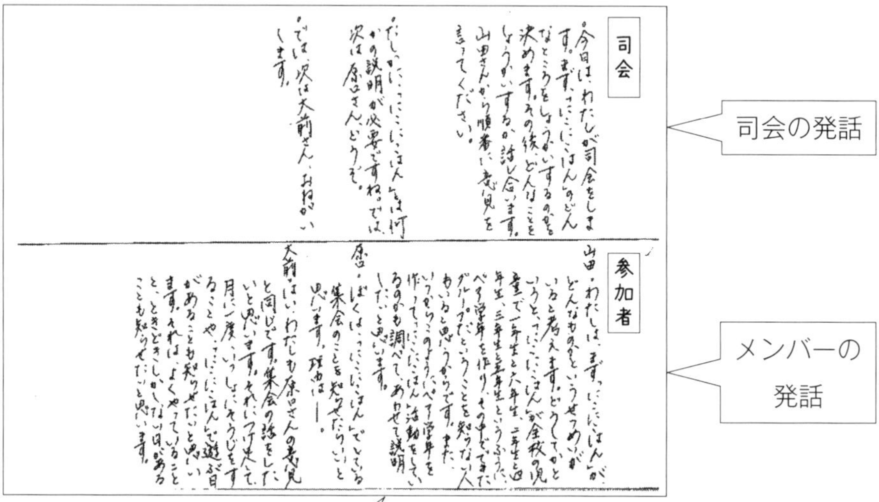

司会の発話

メンバーの発話

・白紙などを用意し「司会」と「参加者」の項目を上下に分けます。
・「司会」「参加者」の発話それぞれを抜粋し，記述します。（全文は難しいので，省略してもよい）

⑥・⑦　⑤の中で，重要な役割を果たしていると考えられる発話を囲み，整理する。

　⑤で書き出した発話を読み返します。その中で，教科書の示す目標と照らし合わせながら，司会と参加者が話し合いをする上で大切にしなければならない発話を囲みます。
　例えば「司会が話し合いで出た意見をまとめる」といったことが目標の場合，司会，参加者がそのことについて発話している箇所を囲みます。
　ここで示したモデル文で言えば，司会の「今までに出た意見をまとめます。けん玉，歌，○×クイズという意見が出ました。」の発話です。

⑧　モデル文を見渡し①～⑦以外の気付きを書き出す。

　モデル文全体を見渡し，①～⑦以外の司会，参加者の発話で気付いたことを書き出します。例えば「(略)とした箇所がある」といった気付きをもとに，(略)の部分では，どのような「やりとり」がなされていたのかを考え，実際に書き出してみるといったことを行います。

⑨　①～⑧を踏まえて，類似のモデル文を作成する。

　モデル文をもとに，類似のモデル文を作成します。モデル文の多くには，「略」「中省略」「…」と表記してある箇所が見られます。①～⑧で明らかになったことを踏まえ，「略」「中省略」「…」を補う指導者作成のモデル文を作成しましょう。

⑩　作成したモデル文を複数の指導者と共有する。

　最後に複数の指導者とモデル文を共有，確認しましょう。ここでは，付けたい力が網羅されたものになっているか等，丁寧に確認することが大切です。

◀ここが指導・評価のカギ！▶
モデル文の分析で，付けたい力を明確にする
ここで提案した10の手順でモデル文を教材研究すると，付けたい力が明確に見えてきます。さらに，授業を進める中で予想される子どものつまずきの把握にもつながります。また，子どもが紡ぎ出す様々な表現にも対応できるようになり，多様な表現での賞賛が可能になります。教科書の話し合いのモデル文を疎かにせず，積極的に活用することが大切ですね。

話し合いプラン 5

実践例　5年　『明日をつくるわたしたち』（光村図書）

「互いの立場や意図をはっきりさせて，話し合う力」を付けるには…

✓ 目指す子どもの姿

　本学習では，自分たちの身の回りの問題について情報収集し，意見を持ちます。その後，互いの意見の共通点，相違点を明確にしながら，グループで話し合い，提案する内容を決めます。提案する内容を一つに絞るには，キーワードとなる言葉を探したり，共通する点を見つけたりすることが必要です。しかし，すぐに意見がまとまらず，意見が対立することも予想されます。そのときには，相手の意図を聞き出す質問をすることで，共通項を見つけ出し，話し合いを合意へと導きます。

◀教科書の目標▶

・話題を決めて，収集した知識や情報を関連付け，互いの立場や意図をはっきりさせながら，計画的に話し合うことができる。

詳しくすると…こんな活動！

Point1　身の回りにある問題を出し合う
モデル文をもとに「生活をよりよくするために」といった視点で身の回りにある問題を探し，話し合う。

Point2　話し合いの進め方や話し合うために大切にすることを理解する
モデル文から話し合いがうまくいっている理由を探り，話し合いの進め方や話し合うために大切にすることを理解する。

Point3　意見が対立したときの解決方法を考える
話し合いがうまくいかなかった経験を出し合い，意見が対立したときの話し合いを進めるための解決方法について考える。

✓ 単元計画（全16時間）

1次（1時間）	2次（12時間）	3次（3時間）
教科書のモデル文をもとに学習の見通しを持ち，身の回りの問題について出し合う。 ☆Point1	話し合いの目的や話し合うために大切にすることをまとめる。 ↓　☆Point2 意見が対立したときの解決する言葉を考える。↓　☆Point3 役割分担等の準備をし，話し合いをする。（提案書を作成する）	提案書を読み合い，感想を伝え合う。 ↓ 学習を振り返り，学習のまとめをする。

1 身の回りにある問題を出し合おう

☑ そのまま使える！活動の流れ
① 学校生活等，身の回りの問題について考え，全体で出し合う。
② ①の中から，「『自分たちにできること』を考えましょう。」と発問し，提案可能な問題に丸を付ける。

　自分たちの生活に普段から問題意識を持ったり，それを改善したいと思ったりしている子どもは少ないと思います。そこで，以下の例のように生活チェックシートを活用して学校生活を場面ごとに振り返り，問題点を探させます（表1）。

表1　生活チェックシート（例）

場面	現状	改善したいこと	提案可能か（〇/△）
休憩時間	クラスの子や仲のいい子とだけ遊ぶ。	他の学年の子とも遊べたらいいと思う。	〇
給食時間	好き嫌いをしている子が多い。	食べ残しをなしにしたい。	〇
掃除の時間	しゃべったり遊んだりしている子がいる。	時間いっぱい掃除をした方がいい。	〇
家での時間	家族一緒に食事する家とそうではない家がある。	家族全員で晩御飯が食べたい。	△

　上のような表を作成することで，身の回りの問題の中で，どのようなことが提案可能か視覚的に理解できます。また，発展としてどの内容を話し合うのか優先順位を考え，次の話し合いに臨むこともできます。仮に，上の例のように△の内容であっても，一度は取り上げ検討ができるように指示しておくことが大切です。（表については，P.101「『思考を整理する力』を付けるには…」を参照）

◀ここが指導・評価のカギ！▶
表に書き出して生活を振り返り，話し合う内容を決める
学校生活を中心に表に書き出しながら振り返ることによって，子どもたちは具体的に問題点を見つけ出すことができます。次に，問題点が出たら話し合いに備えて，話し合うべきことの優先順位を考えます。仮に優先順位が低い場合でも，その問題点が重要な内容である可能性もあるので一度は取り上げるように指導することが大切です。

Point 2 話し合いの進め方や話し合うために大切にすることを理解しよう

☑ そのまま使える！活動の流れ
① モデル文を読んで，話し合いをうまく進めることができている発言を探す。
② 教科書の示す「グループ協議の進め方」等の観点を取り上げ，話し合う際に大切にすべきことを考える。
③ ②を全体で共有し，話し合いをうまく進めるための観点をまとめる。

教科書のモデル文から，話し合いをうまく進めることができている発言を探させます。実際の話し合いで司会がそれぞれの意見を聞き，キーワードをもとに話し合いを進めていくのは難しいことです。そのためには，話し合いのプロセスを踏まえ「互いの考えについて質問する」といった活動を取り入れながら，話し合うために大切にすべきことを学ばせます。

ここまでのみんなの考えをまとめます。「行事」「一緒に」がキーワードになると思うのですが，どうですか。

【学ばせたい点】
互いの意見の中から，キーワードを見つけることにより，話し合いをまとめている。

田中さんの意見に賛成です。わたしは，「学校行事と地域行事」という話題を考えていましたが，自分たちの学校での取り組みを紹介することで，「行事での（のつながり）」という観点から，地域の人も一緒に参加してもらうことができるのではないかと思います。

【学ばせたい点】
自分の立場を明確にし，自分の考えが変化したことも述べると意見の共通点を見つけやすい。

田中さんに質問です。ぼくも，自分たちの学校での取り組みを紹介することはいいと思います。学校での行事や児童会での取り組みなどたくさんあります。一緒に参加できるものもあります。何をどのような方法で紹介すればよいのか，ぼくも考えてみます。みなさんの考えを聞かせてくれませんか。

わたしが考える「自分たちに今できること」は，「自分たちの学校での取り組みを紹介する」ことです。なぜ，このことを考えたかというと，……

【学ばせたい点】
質問することで，考えを詳しく知ることができる。

◀ ここが指導・評価のカギ！ ▶
意見の共通点やキーワードに着目する

話し合いをまとめるためには，互いの意見の中から共通点やキーワードを探すといったことを大切にしながら話し合いを進めます。教科書のモデル文と「グループの協議の進め方」（プロセス）等を取り上げ，話し合いをうまく進めるために大切にすべき点を理解させます。

3 意見が対立したときの解決方法を考えよう

✓ そのまま使える！活動の流れ
① 話し合いにおいて，うまく進まなかった，合意できなかった経験を出し合う。
② 教科書を参考に①の経験や意見が対立した時にどうすればよいのかグループで考える。
③ 教科書を参考に，話し合いをうまく進めたり，合意したりするための方法をまとめる。

ここでは，話し合いにおいて，うまく進まなかった，合意できなかった経験や意見が対立したときにどのような方法で話し合いを進めていくのかを学習をします。教科書の「意見が対立したときには」を参考に実態を踏まえ，解決するための方法を考えます。方法の一つとして，うまく話し合いを進めるための言葉について考えます。そうすることで，意見が対立しても共通点を見つけながら話し合いを進められるようになります。

ぼくは，次の学級会でおにごっこがしたいな。

わたしは，絶対にドッジボールがいいと思う。

発問：あなたが男の子だったら，うまく話し合いを進めるために次（Aの箇所）にどんな発言をしますか？

A

教科書を参考に，話し合いをうまく進めるための方法，言葉について考えさせ，発表させることで，意見が対立しても合意を目指し話し合いをまとめる方法について学ばせます（表2）。

表2　話し合いを進めたり，合意を目指したりするための言葉

1 相手に理由をたずねる言葉	2 考えの理由を伝える言葉	3 理解したことを伝える言葉	4 次に話を進める言葉
・理由を聞かせて。 ・もう少し意見を聞かせて。 ・くわしく話してほしいな。	・ぼくが〇〇を選んだ理由を話すね。 ・ぼくの意見を分かりやすく言うとね。△△なんだよ。	・なるほど，いいね。 ・分かった，それもよい考えだね。	・意見を聞いて，ぼくはいいことを思いついたよ。 ・いいね，だったら□□について考えた方がいいね。

◀ ここが指導・評価のカギ！ ▶

話し合いをうまく進めるための言葉を具体的にイメージする

意見が対立し，話し合いがうまく進まないことがあります。対立したときの方法をあらかじめ学んでおくことで，自分たちの話し合いでもそれを生かすことができます。意見が対立したときの様子をイメージし，話し合いをうまく進めていくための言葉を具体的に考え，大切にしたい言葉としておさえます。

話し合いプラン 6

関連教材　6年　『学級討論会をしよう』（光村図書）
　　　　　6年　『問題を解決するために話し合おう』（東京書籍）

「プロセス」「準備」「メモ」で話し合いを成功させよう

✓ 目指す子どもの姿

　学級会という場を設けて計画的に話し合う活動は3年生から，互いの立場や意図をはっきりさせながら計画的に話し合ったり話し手の意図を捉えながら聞き，自分の意見と比べる等して考えをまとめたりする学習は5年生でしています。これらを発展させ，6年生では，対立する立場と論点をはっきりさせながら話し合ったり，問題の原因を整理し話し合いの目標と各意見を照らし合わせ，合意へと向かわせたりするための話し合う力を身に付けます。

◀関連教材をもとにした目標▶

・立場を明確にして主張し合い，考えを広げる話し合いをしたり，問題の原因を整理したりしながら話し合いの目標と照らし合わせながら話し合いを進めることができる。

詳しくすると…こんな活動！

Point1　話し合いのプロセスを見つける
モデル文を活用して話し合いのプロセスについて学ぶ。

Point2　グループで話し合いの準備をする
肯定グループ，否定グループなど，両方の立場に立たせて理由を書き，相手の主張等を予想し質問や答えを考える。

Point3　情報を整理するためにメモをとる
話し合いの最中にメモをとり，お互いの意見を客観的に整理する。

✓ 単元計画（全7時間）

1次（1時間）	2次（4時間）	3次（2時間）
5年生までの話し合いの学習を振り返り，本単元との違いを意識し，学習の見通しを持つ。	教科書のモデル文を活用し，話し合いの進め方を学ぶ。 ☆Point1 ↓ グループで話し合いの準備をし，話し合い（討論等）をする。 ☆Point2・3	話し合ってまとめた提案書を読み，感想を伝え合う。 ↓ 学習を振り返り，学習のまとめをする。

1 話し合いのプロセスを見つけよう

☑ **そのまま使える！活動の流れ**
① 教科書のモデル文をもとに，話し合いの進め方（以下プロセス）を確かめる。（モデル文に線を引かせ，視覚的に分かるようにする。）
② モデル文に線を引き，分かったことを学級全体でまとめる。

　教科書のモデル文は，付けたい言葉の力を網羅しています。モデル文の注釈を参考に，「①問題を確かめる」「②問題の原因を考える」「③原因ごとに問題を解決する方法を考える」「④話し合いをまとめる」を視点に該当する箇所に線を引き（囲み），モデル文を区切ります。
　モデル文の発話をもとに，プロセスを意識して区切る活動を取り入れることで，実際の話し合いでもプロセスを意識した話し合いができるようになります。

話し合いのプロセス確認

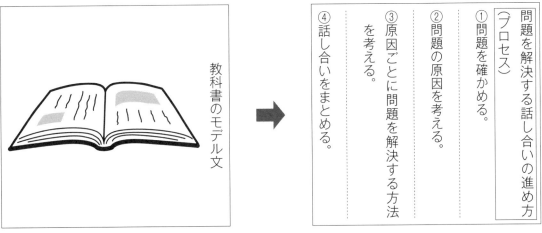

　教科書のモデル文には，プロセスを踏まえたものが多く記載されています。プロセスを意識させるだけでも話し合いが目的から大きく逸れたり，ゴールまで辿り着かなかったりすることを防ぎます。

◀**ここが指導・評価のカギ！**▶
モデル文をプロセスで区切る
話し合いのプロセスとは何かを指導し，それについての評価をします。そのためには，モデル文をどこで区切っているかを把握するようにします。また「なぜ，そこで区切ったの？」と理由を尋ねることでより理解が深まります。

2 グループで話し合いの準備をしよう

☑ **そのまま使える！活動の流れ**
① 話題に対して全員が肯定・否定両方の立場に立ち，その理由を書く。
② 各自の意見を持ち寄り，グループの主張や質問，答え等，相手の主張や発言を予想しながらまとめる。
③ グループで発言する際の役割を確認する。
　　［主張するグループ］　・初めの主張　・最後の主張　・質問に答える　等
　　［聞くグループ］　　　・質問する　・まとめを述べる　　　　　　　　等

　話し合い（特にプロセスが明確な討論）では，話し合いの前の準備が大切になります。主張グループ（肯定・否定）と聞くグループに分かれますが，意見を深めるためにも全員が話題に対して肯定・否定両方の立場で自分の考えを明確に持たせることが必要になります。教科書付属のワークシート等を参考に，自分なりに理由をたくさん考えさせてから臨ませます。
　また，各自考えた意見をもとに，それぞれの立場の意見を予測しながら，「主張と理由の関係は合っているか」「分かりやすい表現になっているか」「具体例や体験などの根拠があるか」を視点に自分たちのグループの意見をまとめるようにします。

【肯定／否定，両方の立場に立たせる】
　子どもたちが両方の立場に立って意見を考えることは，意見を深めるために大切となる。
　また，体験等，具体的な例を挙げさせることで説得力のある意見となる。

教室にエアコンは必要か？	
【肯定】	【否定】
・エアコンがあると，涼しくて勉強がはかどる。 ・暑すぎる夏がこれから増えるかもしれない。	・エアコンがあると外に遊びに行かなくなる。 ・汗をかかないから体調を整えにくい。

◀**ここが指導・評価のカギ！**▶
主張する立場とその理由を，お互いに確認させる
　話し合い（主に討論）では，主張する立場とその理由が明確になっているかを確認します。主張する立場と理由の関係が合っているか，具体例等の根拠があるかを確認させることで主張に説得力が増します。教科書のモデル文を参考に考えさせましょう。

3 情報を整理するためにメモをとろう

✅ **そのまま使える！活動の流れ**

① 「主張をするグループ（肯定・否定）」と「『話し合い』（以下，討論）を聞くグループ」に分かれる。
② 討論を行い，「討論を聞くグループ」として討論の流れをメモにとる（図1）。
③ メモをもとに，主張するグループ（肯定・否定）」と「討論を聞くグループ」一緒に討論を振り返る。

図1 討論を聞くグループのメモ例

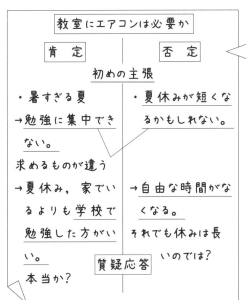

【メモのとり方】
① 「討論の題材名」・「肯定」・「否定」・「初めの主張」など討論前に必要な情報を書き込む。
② 討論を聞き，お互いの主張をメモする。その際，主張を横並びで書くことで「共通点・相違点」など，意見を比べやすくする。
③ 意見について，メモを見ながら比べ，自分の意見や疑問点を書き出す。

討論を振り返らせる際には，メモをもとに主張の仕方や理由の示し方，討論を通して気付いたことや考えたこと等を振り返るようにします。

◀ **ここが指導・評価のカギ！** ▶
メモの効果的なとり方を理解させる

主張や理由の示し方などを注意深く聞き，討論を後から振り返るためにはメモをとることが欠かせません。メモをとることで，討論を客観的に見ることになり，討論する際にも必ず生かすことができます。討論する際には，メモを各自とるよう指導します。

プレゼンテーションプラン 1

実践例　3年　『しりょうから分かる，小学生のこと』（光村図書）

「資料を活用し発表する力」を付けるには…

✓ 目指す子どもの姿

　低学年から中学年，高学年へと進むにつれて，国語科はもちろんのこと，各教科で資料を読み取ったり，資料を活用して発表したりする機会が多くなります。高学年では，社会問題を取り上げ，それを分析して発表するような単元が組まれています。本単元では，「図表等の資料の活用方法」，それを踏まえた資料の見せ方や分かりやすく話すといった「聞き手意識」を身に付けさせます。既習学習を踏まえながら本単元で図表を用いた発表の方法を身に付け，総合的な学習の時間等，他教科にも生かせる子どもたちを育てていきます。

◀教科書の目標▶

・相手を見て，大事な部分や言葉を強調したり，間の取り方に注意したりして話すことができる。

詳しくすると…こんな活動！

Point1　図表等，資料を読み解くポイントを知る
グラフや図表等の資料から必要な情報を読み取り，自分の発表に活用する。

Point2　話の組み立てを考え発表メモにまとめる
読み解いた資料の大切な点を書き出し，組み立てを考え，発表メモにまとめる。

Point3　聞き手意識（資料の示し方）を持って発表する
資料を見せるときの大切な点や分かりやすい発表の視点を踏まえて発表する。

✓ 単元計画（全8時間）

1次（1時間）	2次（4時間）	3次（3時間）
既習学習の発表方法と資料を用いた発表方法の違いを知り，学習の見通しを持つ。	三つの資料を読み，「資料から考えたこと」をまとめる。 　　　↓　☆Point1 発表メモを作り，発表の練習をする。 　　　↓　☆Point2 資料の見せ方や発言の工夫を考える。　☆Point3	発表の練習をする。 　　　↓ 発表会を開き，話し合いを振り返る。

1 図表等，資料を読み解くポイントを知ろう

☑ そのまま使える！活動の流れ
① 資料から分かったことをノートにまとめる。
② クラス全体で発表させ，資料を読むときに大切となる点を整理し，まとめる。
　・減っている，増えている　・一番多い，少ない　・比べてみると，違う
③ 三つの資料から一つを選び，「資料から考えたこと」をまとめさせる。

　教科書に示してある資料を読み取り，「資料から分かったこと」と「資料から考えたこと」を区別してまとめる力を付けます。
　そのためには，「資料を読む大切な点」を理解することが必要です。

資料を読む大切な点を知り，事実を捉えさせる

　本単元で資料を読む大切な点は以下の二つです。

・何を伝えるための資料なのか
・比べて違う箇所はどこなのか

　資料を読み取るために，まずは一つの資料をクラス全員で検討します。全員で一つの図表やグラフ等について考え，話し合う中で上の二つのポイントを導き出すようにします。そのためには，初めに「どんな資料なのか」「何を伝えるための資料なのか」を読み取るための着眼点（題名や数値から推測できる大切な箇所）を考えることも効果的です。
　全員で検討した後は，他の図表を使って練習させます。教科書では，棒グラフ・表（数値の大小）・表（順位）の二つが使われています。それぞれの見方も学ばせておきます。特に，数値をよく見ないとすぐには特徴が分かりません。上の二つを視点に，資料から分かったこと（事実）を読み取る習慣を付けさせましょう。

◀ここが指導・評価のカギ！▶
資料を読む大切な点をノートにまとめる
資料から必要な情報を読み取る力をみとるためには，図表から考えたことをノート等にまとめさせ，学習した「資料を読む大切な点」が含まれているかを振り返らせる方法があります。また，様々な図表等の資料を示し，読む経験をさせるのも効果的です。

2 話の組み立てを考え，発表メモにまとめよう

☑ **そのまま使える！活動の流れ**
① 資料から読み取って分かった内容，考えたことをノートに箇条書きで書く。
② 箇条書きで書いた内容から，特に大事な情報に○（まる）を付ける。
③ ○（まる）を付けた情報を並べ替え，発表メモを作る。
④ 資料や内容を指す言い方を発表メモに加える。

　3年生の段階では，複数の資料から内容を読み取ることはまだまだ難しいです。そこでまずは，教室全体でモデルケースを学んだ後に自分で資料を選ばせ，特徴を書かせるようにします。分かったことをメモする際には，箇条書きで書かせます。文で長く書かせるのではなく，箇条書きで短く書かせることで，発表メモにまとめやすくなります。要点を押さえるためにも，以下の【ノート例】【発表メモ例】のように，特に大事な箇所には○（まる）を付けさせ，発表メモの準備とします。

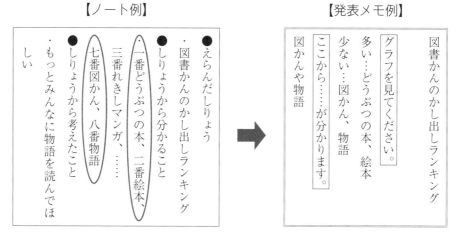

　また，資料を指す言い方やまとめる言い方の例を示し，発表メモに書き加えさせておくと，発表の際にメモだけを見て発表することに抵抗がなくなります。

◀**ここが指導・評価のカギ！**▶
発表メモに必要最低限の情報をまとめる
メモを見ることばかりに気を取られていると，資料を指し示しながら発表することができません。そのためにも，発表メモは必要最低限の情報にまとめさせます。ノートのメモ段階で，どの情報が使えるか話し合わせることで，その後の活動をスムーズに行うことができます。

3 聞き手意識（資料の示し方）を持って発表しよう

3年生で付けたい聞き手意識

聞き手に伝わるように説明することは，発表やプレゼンテーションにおいて大切な要素だと言えます。本単元では，3年生で身に付ける相手意識として以下の三点を意識して指導します。

① 聞き手を資料に引きつける話し方
② 資料の示し方
③ 間の取り方

特に大切なのは，②の「資料の示し方」です。聞き手に資料を見てもらうときには，「このグラフを見てください。」というように，聞き手に反応を促すような声かけが効果的です。このような言葉は，聞き手を引きつけるための話し方として指導します。さらに，話し方とともに資料の見てほしいところを指し示す方法も合わせて指導することも必要です。子どもたちは，「指し示す」ということが教科書だけでは理解しづらいかもしれません。そこで，教師が実際にやってみせることがよいモデルになります。また，資料を示した後には，相手にしっかり図表を見てもらったり，考えてもらったりするための間を取ることも大切です。

教科書の「モデル文」と「大事な箇所がない文」を比較させる

「大事な箇所がない文」を子どもたちに見つけさせる方法もあります。教科書の例は，上の三つの要素を全て含んだモデル文です。モデル文と，三つの要素を含まない文を板書等で提示し比較させることで，子どもたちが三つの要素の重要性を認識することができます。

発表において大切なのは，資料ではなく「資料をもとに自分が考えたことを伝えることができるか」です。「資料をもとに自分が考えたこと」を伝えることが第一目標であり，そのために，まず聞き手を引きつけ，次に聞き手に伝わるように発表するという順序を忘れず指導します。

◀ここが指導・評価のカギ！▶
評価カード等に大切な要素の記入をさせる

相手意識の有無を確かめるには，教師自身が発表の様子を観察する方法と，評価カード等を作り，子ども同士が相互評価をする方法があります。学級の人数や実態に合わせてどちらを取り入れるかを選択しましょう。

プレゼンテーションプラン 2

実践例　5年　『和の文化を受けつぐ』（東京書籍）

「目的意識・聞き手意識を持って発表する力」を付けるには…

✓ 目指す子どもの姿

　和の文化について説明する活動を通して，いろいろな本や資料を目的意識を持って読んだり，伝えたい内容や目的に合わせて資料を活用したりして説明できる子どもを育てたいですね。そのためには，たくさんの本や資料から自分が説明するために必要な情報を取捨選択し，活用する力が最も必要です。必要のない情報を「捨てる」意識は一朝一夕には付きません。教師とのやりとりを何度も重ね，粘り強く指導しましょう。

◀ **教科書の目標** ▶

・複数の本や資料を，目的を意識して読むことができる。
・伝えたい内容や目的に合わせて，資料を活用して説明することができる。

詳しくすると…こんな活動！

Point1　目的に合った資料の活用法を身に付ける

書籍，インターネット等から，自分たちが説明する目的に合った資料を集め，説明する際に効果的に活用する。

Point2　自分の考えを伝えるために構成を工夫する

構成メモを作る際，付箋等を活用し並べ替え，自分の考えを伝えるために発表の構成を工夫する。

Point3　目的意識・聞き手意識を持って発表する

伝えたい相手や伝えたい内容に合わせて，資料の示し方を工夫したり，相手の反応を意識したりしながら発表する。

✓ 単元計画（全13時間）

1次（2時間）	2次（5時間）	3次（6時間）
既習学習と今回との違いを知り学習の見通しを持つ。 ↓ 本文の内容を読み取り，どのような「和の文化」を調べるかグループで決める。	説明会で行う内容に関連する書籍，インターネット等から必要な情報を集める。 ☆Point1 ↓ 自分の考えを伝えるために発表の構成を考える。　☆Point2	発表をどのように工夫すれば聞き手に伝わりやすいか考える。 ☆Point3 ↓ 発表会を開き，意見を交流する。

1 目的に合った資料の活用法を身に付けよう

> ✓ そのまま使える！活動の流れ
> ① グループで調べる「和の文化」を決める。
> ② 調べる内容や観点を決め，グループで「和の文化」について調べる。
>   →「和の文化」について，様々な本や資料，インターネットなどで調べる。
> ③ 集めた資料などの情報をグループで見せ合い，内容や観点と合っているか確かめる。

　和菓子，筆，着物，その他の伝統工芸等「和の文化」はたくさんあります。しかし，本や資料の数等，調べるものによって情報の量は変わってきます。そのため，教師があらかじめ教材研究を行い，どのような「和の文化」があるか，どのような観点があるか，どのような資料があるか等，子どもたちが調べる段階になってから困らないよう準備します。子どもたちが調べたい「和の文化」をいくつか見つけ出した上で，情報の量やまとめ方の難易を示し，決めさせることは，意欲を持って取り組ませることにつながります。

　また，調べさせる前にグループで調べる観点を決めさせておくことが重要です。観点としては，【紹介・歴史・文化との関わり・支える人々】等が考えられます。観点をグループで決めておくことで，書籍や資料を探す際にも目的に合ったものに辿り着きやすくなります。子どもたちは，自分たちが伝えたい内容に合わせて，書籍等の文献・インターネット等からたくさんの情報を集めてきます。グループのそれぞれが集めた情報をまずは出し合い，本当に内容や観点に合っているか整理させる必要があります。情報を整理させる際には，グループごとに模造紙を使って情報を付箋等に書き込んだものを貼り整理させる方法が考えられます。情報を可視化し整理するとともに，付箋にまとめる際には，見出し（要点）をまとめていることになり，後の構成メモを作る際にも役立てることができます。

◀ここが指導・評価のカギ！▶

観点に合った資料かどうかの判断をさせる

「和の文化」に関する資料は，書籍等やインターネット等に多くあります。その中から，観点に合っている情報を選ぶことは大変な作業です。グループで確認し合ったり，教師が適宜支援を行ったりしながら評価し，着実に力を付けさせていきます。

2 自分の考えを伝えるために構成を工夫しよう

> ☑ **そのまま使える！活動の流れ**
> ① 集めた資料等の情報をもとに，観点ごとに内容をまとめる。
> ② まとめた内容を短い見出しで表す。
> ③ グループで構成メモに書き込み，メモを切り取って並べ替える等，伝えるための構成を話し合う。（付箋のようなものでも代用可）
> ④ 考えた構成をもとに，発表の練習を行う。

　グループで発表の構成メモを作る際には，説明の内容や資料の順を簡単に示したものにし，できるだけ簡単に書かせます。「自分の伝えたい内容を発表するにはどのような順序で発表するのがよいか」を客観的に考えるために構成を練るため，原稿そのままのような長いものは適しません。自分が伝えたいことを短く見出しに表し，構成の順序が簡単に入れ替えられるものが適します。ノートに書いてしまうのではなく，教師が簡単なフォーマットを準備し，順序を入れ替えながら構成を話し合えるものにします。

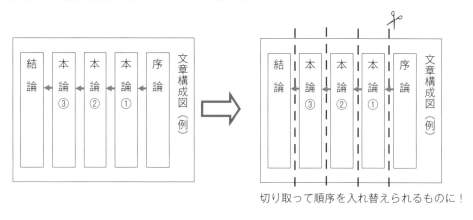

切り取って順序を入れ替えられるものに！

> **◀ここが指導・評価のカギ！▶**
> **自分の考えを伝えるため，構成を工夫する**
> 集めた書籍やインターネット等の資料を有効に活用するには，発表の構成を工夫することが重要です。自分たちの考えを伝えるのに最適な構成をグループで考えさせるようにしましょう。

3 目的意識・聞き手意識を持たせよう

> ✓ そのまま使える！活動の流れ
> ① 教科書のモデル文を音読する。
> ② 教科書が示す資料とモデル文との関係を考える。
> ③ 教科書が示すモデル文の「説明するときに気を付けること」とは具体的に，どの文を指すのか考える。（聞き手意識に注意する。）

　まずは，何のために発表をするのかといった「目的意識」が大切です。4年生に向けて等，目的によって資料の見せ方や話し方も変わってきます。また，教科書には「説明するときに気を付けること」という題で以下の三つのことが示されています。

① 聞き手の興味を引きつける情報や資料を示す。
② 初めに，どのような観点で説明するのか，発表の構成を示す。
③ 聞き手の反応を見ながら，分かりにくい言葉を言いかえたり，資料を使って説明を補ったりする。

　ここでは，「聞き手意識」も大切になります。
　特に③の「聞き手の反応を見ながら」というところがこれまでの学習とは大きく違います。教科書が示すグループの発表例には，以下のように聞き手を引きつける工夫が明記してあります。

・資料1を見せる
・資料1を下ろす
・資料3を示す

　指導する際には，教科書のモデル文が示す「聞き手意識」の部分をしっかりとおさえ指導する必要があります。教科書のモデル文をおろそかにせず，じっくりと考えさせることが子どもたちの言葉の力を着実に伸ばす方法です。

◀ここが指導・評価のカギ！▶
資料の示し方を工夫したり，相手の反応を意識したりしながら発表する
発表はメモや資料を見るだけで，言えるようになっていることが望ましいです。内容が頭に入っているという余裕が聞き手意識を生みます。

プレゼンテーションプラン 3

実践例　6年　『町の幸福論―コミュニティデザインを考える―』（東京書籍）

「プレゼンテーション力」を付けるには…

✓ 目指す子どもの姿

　町作りについて，自分の考えを伝えるために，集めた資料や情報を取捨選択し，効果的に資料を活用しながら聞き手に分かりやすく伝えることができる子どもを育てます。そのために，相手に自分の考えが伝わるように，発表の構成を簡単にまとめたものを事前に提示したり，資料の示し方を工夫したり，聞き手の反応を確かめたりしながらプレゼンテーションできる力を付けていきます。5年生での既習学習を踏まえながら，本単元だけにとどまらず，総合的な学習の時間等でも学んだことを活用させます。

◀教科書の目標▶

・複数の資料から読み取った情報を，目的に応じて活用することができる。
・意図を明確に伝えるために，資料を効果的に活用して発表することができる。

詳しくすると…こんな活動！

Point1　プレゼンテーションとは何かを知る
「これまでの発表」と「プレゼンテーション」との違いを考え，プレゼンテーションの特徴を捉える。

Point2　プレゼンテーション用の構成メモを作る
集めた情報を取捨選択・整理し，プレゼンテーション用の構成メモを作る。

Point3　「聞き手の反応」を見ながらプレゼンテーションする
構成メモをもとにグループでプレゼンテーションの練習を行い相互評価し，相手の反応を見るなど，聞き手意識を持ったプレゼンテーションを行う。

✓ 単元計画（全13時間）

1次（2時間）	2次（7時間）	3次（4時間）
既習学習の発表方法と今回のプレゼンテーションの違いを知り，学習の見通しを持つ。 　　　　　☆Point1	教科書のモデル文「川上さんのグループの発表」を検討する。 　　　　↓ 情報を取捨選択，整理し構成メモを作る。　　☆Point2	整理した情報をもとにプレゼンテーションの準備をする。 　　　　↓　☆Point3 プレゼンテーションを行い，意見を交流する。

1 プレゼンテーションとは何かを知ろう

> ✓ そのまま使える！活動の流れ
> ① プレゼンテーションと聞いて思い浮かぶイメージを発表する。
> ② 事例を紹介し，プレゼンテーションのイメージを膨らませる。
> ③ 教科書の挿絵や本文の内容を見て，学習の見通しを持つ。

「プレゼンテーションとは何か？」子どもたちにとって聞き慣れない言葉なので，きっとこのような疑問が浮かぶでしょう。まずは，今まで行ってきた発表との違いをイメージさせることが大切です。

例1　教師がモデルを示す

まず，教師がプレゼンテーションの見本を見せます。ここでの目的は，教師が作った素晴らしいプレゼンテーションを見せることではありません。教科書に載っている「町の幸福論」の本文や資料をもとにプレゼンテーション形式にして見せたり，グループ発表のモデル文を参考に発表を実際に行ったりするのです。モデル文が教師のプレゼンテーションとして表現されることで，子どもたちは文字とプレゼンテーションを対応させながら聞くことができます。また，聞き手を引きつけるような資料の提示や問いかけ等の言葉を用いたときや聞き手の反応を確かめながら話を進めるときには，「資料を示す」等の具体的な注釈を加えて説明することもよいでしょう。

例2　テレビ番組などの事例を紹介する

子どもたちの身近なテレビ番組にもたくさんのヒントがあります。例えば，ニュース番組でフリップを用いて行っているものもプレゼンテーションに当たります。より分かりやすく伝えるためにテレビ等のメディアの資料はどれも厳選されています。また，発表者の目線や言葉遣い，間の取り方，提示の仕方等は，参考になるものばかりです。

◀ここが指導・評価のカギ！▶

「プレゼンテーション」の特徴を書かせたり話させたりする

「これまでの発表」と「プレゼンテーション」との違いをノートに書かせたり，口頭で発表させたりする中で，「プレゼンテーション」の特徴を明確にさせます。気付きの中で特に「聞き手を意識する」ことを明確にしている内容を取り上げ評価することが大切です。

2 プレゼンテーション用の構成メモを作ろう

☑ そのまま使える！活動の流れ

① 集めた情報からグループのプレゼンテーションの中の提案内容を決める。
② プレゼンテーションの構成を考え，構成メモを作る。
　→構成メモを作る際には，「時間」「発表の要点」「大まかな図や表」を書き込ませる程度とする。あくまでメモであるので，ここで詳しく書かせるよりも，作成していく中で修正していくことを重視する。
③ 構成メモをもとに個人で図や表等を作成する。
④ 発表の練習を行う。（1時間）

集めた情報をもとに自分たちのグループが伝えたい提案内容が決まれば，次は構成メモ作りです。今回のプレゼンテーションは，資料の提示と話がセットになったものなので，資料をまとめたものをベースに構成を考えていきましょう。まず，グループで調べた内容に簡単な見出しを付けます。次に，四コマ漫画の枠のような形に箇条書きにします。最後に，それらを切り離し，構成を話し合う際に並べ替えられるようにします。

構成を考えるときには，「はじめの言葉 → 調べたことの報告 → グループの提案」といった大まかな構成を決めます。集めた情報は，主に「調べたことの報告」に入るので，その中でもどの順番で伝えれば効果的かも考えさせましょう。構成メモがまとまったら，個人でプレゼンテーション資料の作成を行います。資料には，キーワードや必要最低限の情報を載せ，本当に伝えたい内容は，言葉で正確に伝えるように指導します。資料を使うことは，伝えたい内容を伝わりやすくする「手段」であり，「目的」ではないことを子どもたちにも実感させたいですね。

構成メモ（例）

はじめの言葉
事例①
事例②
問題点
提案

◀ここが指導・評価のカギ！▶
伝えたい内容に合わせて構成メモを工夫する

伝えたい内容に合わせて，構成を工夫することが大切です。「なぜ，そのような順番にしたのか」を子どもたちに問いかける等，構成の工夫を常に意識させます。構成メモを工夫することは，プレゼンテーションの成否を決める大事な過程です。

3 「聞き手の反応」を見ながらプレゼンテーションしよう

> ✓ **そのまま使える！活動の流れ**
> ① 教科書のモデル文の「(聞き手の反応を確かめる)，(資料①を示す)」等の言葉に着目し，「聞き手意識」とは何かについて考える。
> ② 構成メモをもとに，グループでプレゼンテーションの練習をする。グループ内で「発表者」と「聞き手」に分かれて，お互いの発表を聞き合い，「聞き手意識」を確認しながら練習する。

　プレゼンテーションの準備は，時間がかかるものです。そのためにも，5年生までの学習で行った情報の整理等を振り返りながら，前時までに集めた情報を整理し，必要最低限の情報に絞って臨ませます。

　そして，本単元の発表形式（プレゼンテーション）の特徴は，聞き手が多いことです。グループ間の交流ではなく「グループ⇔クラス」のように聞き手が多く設定されています。その中で自分たちのグループが伝えたいことをプレゼンテーションするには「聞き手意識」が最も大切です。相手の反応を見ない自分勝手なプレゼンテーションでは，聞き手に本当に伝えたい内容は伝わりません。

　「聞き手意識」を持たせるには，聞き手の反応を確かめながら話を進める等の話す技術が求められます。教科書のモデル文にある「(聞き手の反応を確かめる)，(資料①を示す)」などの言葉に着目させ，実際にさせてみることで，どのような場面で間を取ったり，聞き手の反応を確かめたりしているかを考えさせ，「聞き手意識」を確認するとよいでしょう。

> **◀ここが指導・評価のカギ！▶**
> **相互評価でプレゼンテーションを改善する**
> 「聞き手意識」を持たせるためには，自分の伝えたいことが相手にどの程度伝わっているか客観的に分かるように工夫する必要があります。教師は，子どもたちが他者の評価やアドバイスをどのように生かしたのかをみとるとよいでしょう。

Chapter **3**

合意形成能力を育む！

「話し合い」指導のアイデア

合意 形成	# 話し合いのプロセスを意識した授業

☑ 大切にしたい話し合いのプロセス

　これからの子どもたちが生き抜く時代は，予測不可能な時代と言われています。その中では，意見が異なる相手であっても，それぞれが妥協や譲歩で話し合いを終わらせるだけではいけません。異なる考えを持っていたとしても，お互いが納得し幸せな結論を得るためには，一致点を見出し，そこから新たな考えを創り上げることが求められるのです。いわゆる「合意形成」です。

　そのためには話し合いを通して一つの帰着点を見出し，「合意」へと向かうことが求められます。

　では，現状の国語教室を見てみましょう。教師が，子どもたちに司会や参加者等の役割を与え，合意を目指す話し合いをさせる授業が見られます。

　しかし，話し合いをさせてはいるものの，話し合いがどのような順序（以下，プロセス）で進み合意へと至るのかを明確に指導していないために，話し合いは目的から逸れ，「合意」に達しないことが多いです。

　つまり，話し合いが「合意」を形成する鍵は，プロセスの明確化といっても過言ではありません。

「合意形成」の鍵＝ "プロセス" の明確化

☑ 話し合いのプロセスと指導のアイデア

　先に述べた「合意形成」の鍵を握る話し合いのプロセスについて考えてみます。

　プロセスとは，合意を目指す話し合いが，どのような順序でゴールに辿り着くのか，その過程を，順を追って示したものです。いわば，話し合いが進む計画書のようなものです。

　小学国語教科書（H27）において，「合意形成能力」を培うための話し合い教材（３年生）を例に見てみます。そこには，モデル文が示されており，その中に，それぞれ次のような話し合いのプロセスが示されています。

> 3年上「つたえよう，楽しい学校生活」（光村図書）
>   ・意見を出し合う
>   ・整理をする
>   ・整理したことをもとに次に話し合うことを決める
> 3年下「グループで話し合おう」（東京書籍）
>   ・話し合うことを確かめる
>   ・意見を出し合う
>   ・それぞれの意見について話し合う
>   ・意見をまとめる

　学年によって，多少文言の差はあるものの，他学年においても同様のプロセスが示されています。それらを整理すると，以下のような話し合いのプロセスが考えられます[1]。

話し合いのプロセス

> **知る　→　整理する　→　考えつくす　→　まとめる**

「知　る」　…　話し合うことを確かめる／意見を出し合う
　　　　　　　→話し合いの目的や進め方を理解し，参加者の意見を出し合う過程。

「整理する」　…　意見を整理する
　　　　　　　→出た意見について共通点を見つけてまとめたり，どんな意見が出たのか表等を活用したりしながら，司会，参加者で整理する過程。

「考えつくす」…　整理したことをもとに次に話し合うことを決める／それぞれの意見について話し合う

　　　　　　　→整理したものをもとに話し合いの目標と照らし合わせ，優先順位を付けながら，それぞれの意見を吟味する過程。

「まとめる」　…　意見をまとめる
　　　　　　　→吟味したものについて，共通点を見つけながら合意を図る過程。

　次に，話し合いのプロセス一つ一つの過程を順に解説し，それらの過程を育てるための指導のアイデアを紹介します。

1　長谷浩也，村松賢一（2015）『合意を目指した話合い教材に関する研究—合意形成のプロセスとその能力の視点から—』「環太平洋大学研究紀要9」環太平洋大学

「知る」過程を育てる指導のアイデア

☑ 「知る」課程とは

　合意形成へと向かう話し合いを行う上での出発点となる過程です。この過程では，以下のようなことを行います。

・話し合いのテーマを確認する

・話し合いのゴールを確認する

・テーマに沿って意見を述べる

・出てきた意見に対して質問し，意見に対する十分な情報を集める　等

　特に，「テーマに沿って意見を出し合う」「出てきた意見に対して質問し，意見に対する十分な情報を集める」とした活動は，合意へと向かう話し合いの中ではなくてはならない活動と言えるでしょう。それは，話し合いが合意するための出発点であり，話し合いに参加しているメンバーが，「話し合いのテーマを把握しておく」「テーマに沿った意見について，十分な情報を得ておく」といったことをしておかなければ，合意どころか，話し合いそのものが破綻してしまう可能性が高くなると考えられるからです。

　そのようなことを防ぐために，次のような指導のアイデアを紹介します。

☑ 指導のアイデア

モデル文をもとに，「話し合い」例の内容を観点に沿って表にし，可視化させる。

☑ 活動の実際

表1　提示するモデル文

司会：先日，「毎日の給食ができるまで」と題して調理員さんに教室に来ていただき，お話をしていただきました。
　　　そこで，今日は「クラスで給食週間に調理員さんに感謝の気持ちを伝えるために何をするか。」という議題について話し合います。最初に，議題を提案してくれた重田さんに，議題を提案した理由について説明してもらいます。重田さんお願いします。
　　　　　　　　　　　　　　　　　　　（中略）
西本：山本さんに質問します。ポスターは，一人ずつ作るのですか。
山本：一人ずつ作ると大変なので，班ごとに作ってはどうかと思います。
　　　　　　　　　　　　　　　　　　　（中略）
司会：このあとしっかり話し合っていくために，いったんこれまでの話を整理しましょう。

（H27東京書籍4年下「クラスで話し合おう」を参考に著者作成）

表1の内容を子どもたちが把握したかどうかを確認するために表2のようなマトリクスを作成します。マトリクスを使って話し合いを把握できているかを確かめてみましょう。ここで，意見・理由・質問などの観点でマトリクスにすることができる子どもは，表1の内容を理解できていると捉えてもよいでしょう。事例では，文字化したものを提示しましたが，子どもたちのレベルに合わせて，音声のみでもよいでしょう。

　表の作成が難しい子どもには，司会，参加者等の役割ごとに音読させ，丁寧に話し合いのやりとりを押さえ，内容を把握させることが大切です。

表2　話し合いを整理するマトリクス

議題：クラスで給食週間に調理員さんに感謝の気持ちを伝えるために何をするか。

	意見	理　由	質　問	質問の答え
山本	ポスター	・呼びかけることで食べ残しがなくなり喜んでもらえるから	①一人ずつ作るのか	①班ごとに作成する
松本	そうじ	・片付けのときに配ぜん室を汚してしまうから	②いつするのか ③班ごとにするのか	②昼休みにする ③班ごとに当番を決めてする

◀活動プラス▶

表2のようなマトリクスを作成する際，「質問」の観点を設ける活動も考えられます。特に「知る」過程は，メンバーの発言に対する深い理解と細部にわたる情報収集が欠かせません。そのために，質問を重ねることは必須です。ぜひ取り入れたい活動の一つです。

「整理する」過程を育てる指導のアイデア

☑ 「整理する」課程とは

「整理する」過程では，以下のようなことを行います。

> ・共通点，相違点をもとにしながら，意見を仲間分けする。

　この過程では「共通点，相違点をもとにしながら，意見を仲間分けする」ことを重視します。
　「知る」過程で，質問等を交わしながら，意見に対する多くの情報を得ました。そして，意見を「吟味する」ために，まずは，多くの情報を様々な観点に沿ってグループ分けし，吟味する順番等の見通しを子どもたちに持たせる必要性があります。やみくもに意見を吟味しようとしては，合意に至るまでに膨大な時間がかかることが予想されます。

☑ 指導のアイデア

> モデル文をもとに，意見と理由等の観点に沿ってグループ分けをする。

☑ 活動の実際

　表1で示したやりとりを付箋に書きグループ分けすることも考えられます。ホワイトボードを活用したりすることも可能です。
　この他にも，「書くことで気持ちを伝える」という場合は，「ポスター」「手紙」「寄せ書き」といったグループ分けもできます。

◀活動プラス▶

意見や理由を根拠にグループ分けをした場合，同じような意味のグループばかりになってしまう場合があります。例えば，出た理由を「感謝の気持ちを伝える」というグループに絞った場合，以下のような指示をし，理由を整理する方法を考えさせましょう。

> ・同じグループ名になったけど，理由にもう一度着目してみましょう。同じ「感謝の気持ち」だけど，伝え方などは同じでしょうか。
> ・メンバーの発言で確かに「感謝の気持ち」という発言理由はあったけど，どういう内容のことを「感謝の気持ち」と言っているのか曖昧なところがありますね。もう一度質問をして確かめましょう。

理由を整理する方法を身に付けることによって，同じ理由でも「もう少し詳しく質問すると内容が異なるのではないか」という意識で話し合いに参加すると，別の視点でのグループ分けができるようになるでしょう。

「考えつくす」過程を育てる指導のアイデア

☑ 「考えつくす」課程とは

　「考えつくす」過程は，「整理する」過程で行った意見のグループ化をもとに，テーマに沿って話し合う意見の優先順位を考えたり，テーマに沿って判断基準を設定したりしながら，意見を慎重に吟味し，合意へと話し合いを進める過程です。

　「考えつくす」過程では，以下のようなことを行います。

> ・これまでの話し合いの流れを振り返り，話し合う項目を決める。
> ・目的に照らし合わせながら意見のよい点，問題点について考える。

　まずは，これまでの話し合いの流れを振り返ります。意見をグループ分けをしたものについて，どの順番に話し合うことが妥当であるのかを考えさせます。そこで大切になってくるのが，話し合いのテーマに沿った判断基準の設定です。

　例えば，「クラスみんなが楽しめるキックベースボール大会をしよう」という話題で話し合いをしています。「知る」過程で質問を繰り返しながら，多くの情報を収集し，「整理」する過程で意見をグループ分けしています。次に，グループ分けしたものを一つずつ吟味しますが，「クラスのみんなが楽しめる……」とした判断基準では，話し合いの参加者によってその基準がバラバラになります。

　そこで，「クラスのみんなが楽しめるとは，一体どういうことか」を考え，基準を統一することが必要です。この例では，「全員がボールをけることができる」「ボールをけることが苦手な子には，投げるスピードをゆっくりにする」という判断基準が考えられます。

☑ 指導のアイデア

> モデル文の流れに沿って判断基準を作る。

☑ 活動の実際

　表3は，話し合いの流れに沿って子どもたちが判断基準を作成する場面です。判断基準の作成では，まず目標を「具体化」する必要があります。そのような活動は，意見のグループ分けや吟味する作業をスムーズにします。

　まず，表3の「クラスで給食週間に調理員さんに感謝の気持ちを伝えるために何をするか。」の具体化を様々な視点で図ります（表3のアの発言を考える）。例えば「感謝の気持ちを伝えること」として考えられるものには次のようなものが挙げられます。

・調理員さんに手紙を書くこと	・調理員さんのお手伝いをすること
・直接お礼を調理員さんに伝えること	・給食を残さず食べること　等

表3　モデル文の話し合いの流れ

議題：「クラスで給食週間に調理員さんに感謝の気持ちを伝えるために何をするか。」

司会：では，二つのグループ「班ごとに感謝の気持ちを伝えるグループ」と「言葉で感謝の
　　　気持ちを伝えるグループ」のよい点・問題点を考えていきましょう。

（中略）

柏木：そうだね。例えば，感謝の気持ちを伝えるにはいろいろあるよね。例えば，

> ア

水野：そうか。それに当てはまるか考えていこうよ。

川田：確かにそうだね。そうしたら，同じようにクラス全員でできることもいろいろと考え
　　　られると思うな。例えば

> イ

岸本：納得。それを表にしながら意見を出していけばいいね。

香田：いろいろと決まったところで班ごとに感謝の気持ちを伝えるグループには少し問題点
　　　があるように思います。

（中略）

竹林：ぼくは，手紙を書くのが苦手なので……。

司会：意見がたくさん出たので，ここで一度，二つのグループのよい点と問題点を判断基準
　　　に沿って整理してみましょう。

> ウ

（H27東京書籍4年下「クラスで話し合おう」を参考に著者作成）

　議題には「クラス全員ができること」となっています。それを先程のように具体的にしてみ
ると表3中のア～ウには以下のものが当てはまります。

ア　一人一回は，調理員さんに，「いつも給食を作ってくださりありがとうございます」と
　　直接伝える

イ　手紙を一人一枚は書く

ウ　文章を書くことが苦手な子も参加できるように，なるべく負担が少なくて済むことを考
　　える

このように，目標の具体化を図りながら判断基準を決定します。しかし，実際の授業の話し合いの中で図ることは容易ではありません。そのためには，議題の具体化を図る練習（判断基準を作り，話し合いイメージを膨らませること）が必要です。

　表3のように様々な視点を持たせ，判断基準を作る練習をさせたいものです。（P.101「『思考を整理する力』を付けるには…」を参照）

　このように，具体化した判断基準があれば，実際の話し合いにおいても焦点化した話し合いが可能となります。

　このようなスキル的な学習を終えた後に，表4をもとに，判断基準に沿ってグループのよい点・問題点について表を使って整理します。

表4　判断基準を決めるためのマトリクス表

【判断基準】 みんなが一人一回はお礼を伝えること			
意　見	○・×・△	よい点	問題点
ポスター	○	一人一つはお礼の言葉を書くこと	班でするとなると，誰かに任せてしまうこともある
そうじ	×	順番を決めれば，そうじをすることで伝えることができる	順番を決めていてもしない子が出てくることもある

　表4を活用しながら話し合いモデルから読み取れるよい点・問題点を考え，実践が可能かどうか○や×，△を付ける活動を取り入れてみましょう。

◀活動プラス▶

「考えつくす」過程は，「話し合い」の中で一番混沌とし，停滞する過程です。

その際に，判断基準をもう一度見直したり，優先順位を考え直したりしながら「話し合い」を進めていかなくてはなりません。

判断基準を見直すときには，複数の判断基準があることと同時に，話し合いの流れに沿って，判断基準を追加することを視野に入れておかなくてはなりません。

表4のようによい点・問題点を書き上げながら，○が多いものを取り上げ，話し合いを進めていくことが大切です。

「まとめる」過程を育てる指導のアイデア

☑ 「まとめる」課程とは

「まとめる」過程は，話し合いのゴールであり，対立している意見があれば共通点を見つけ出し，折り合いをつけながら最終的に一つの意思決定をする過程です。判断基準と照らし合わせ，意見のよい点・問題点を吟味し対立している点も考えながら決定していく必要があります。

☑ 指導のアイデア

> モデル文の流れに沿って発言を考える。

☑ 活動の実際

まず，表5を提示します。参加者が合意を意識していないモデル文となっています。子どもたちに「話し合いモデルで足りない点はどこか」と問い，山田さんの意見を含めた話し合いになっていないことに気付かせましょう。

表5　話し合いのモデル文

議題：1～6年生までが同じグループになって活動する「縦割り班活動」でどんな遊びをするか
中西：ドッジボールについては，今回は，1年生のことを考えて，しないという意見でいいね。残りは，「氷おに」と「大なわとび」「かくれんぼ」について話し合おう。
中西：春田さんと秋山さんは，二人とも低学年で「氷おに」を経験しているけど，「氷おに」はどうだった？
春田：「氷おに」もとても楽しかったよ。ルールもかんたんだし，他の人にも助けてもらえて，うれしかった。
秋山：ぼくも，「氷おに」は楽しかったよ。おにになっても上級生と協力してできたから，みんなと仲よくなれたよ。
山田：ぼくは，「氷おに」は，縦割り班では遊ぶには少し難しいと思うよ。
中西：それは，どうして。
山田：「氷おに」は，おにごっこだから，走るでしょ。走るのが苦手な子は，おもしろくないと感じるんじゃないかな。
春田：う～ん。確かにそうかもしれないね。でも走るのが苦手な子も楽しめるルールを決めれば「氷おに」はできると思うよ。
山田：う～ん。……。
秋山：今回は，「氷おに」でいいんじゃないかな。低学年も一度したことがあるし。
あなた：　　　　　　　　　　　　　　　　　ア

（後略）（H27　教育出版　6年生『グループで話し合おう』を参考に著者作成）

> モデル文から，判断基準を考えます。判断基準に沿ってよい点・問題点を捉えさせ，記入させます。判断基準は，話し合いが進むにつれて変わる場合もあります（複数になることもあります）。様々なパターンでのよい点・問題点を考えさせるようにしましょう。

表5で山田さんは，「氷おには，走るのが苦手な子もいるのでおもしろくないのでふさわし
くない」という意見を述べています。それに対して，春田さんは「ルールを決めれば氷おには
できる」という意見を述べています。そこで，子どもたちに以下二点の問いかけをしてみましょう。

① 　誰と誰の意見がどのような点で合致しないままになっていますか。
② 　あなたが「話し合いモデル」の話し合いに参加しているとして，秋山さんの発言を受
　　けて「山田さんの意見も取り入れながら，考えなければいけない」と心の中で思って
　　います。どのような発言をしますか。

　「合意する」ことを考えた場合，誰と誰の意見がどういった点で合致していないのか，新た
な意見を見出すためには，どうすればよいのか考えるためにも，やりとりの内容を正確に把握
する必要があります。特に「どのような点で合致していないのか」を把握しておけば，意見が
対立した場合「譲れるところ，譲れないところ」を考えさせることができます。
　上記①②の発問を行いながら，妥協や譲歩だけにとどまらない合意を目指しましょう。

	意見	共通している点	対立している点	合意するための手立て
山田	氷おに		走るのが苦手な子は おもしろくない	
春田	氷おに		氷おには，楽しい	苦手な子も楽しめる ルールを決めれば

誰と誰の意見が対立をしているのかを明確にするために，双方が述べている意見を記入し
ます。その後，どのような点で対立しているかを書き，合意するためにどのようなことが
考えられるのかを書きます。最後に，共通している点から新たな意見を引き出すための表
として活用します。

◀活動プラス▶

意見が対立する場合，最終的にどのように意見を一つにまとめるとよいのか実際の話し合
いをさせる前に「意見を一つにまとめるためのパターン」を学習させておきましょう。そ
うすることで，参加者全員が納得のいく話し合いの実現が可能となるでしょう。
そのために，上の表のように「共通している点」「対立している点」「合意するための手立
て」を可視化させながら，「一致点」を見出すことで，妥協や譲歩で終わらず「新たな意見
を創り上げる」ことを意識させましょう。

「話し合い」をプロセスごとに区切ろう

　表6のモデル文を見て,「知る」「整理する」「考えつくす」「まとめる」が, モデル文のどこに当たるのかを考えさせましょう。

　実際に考えさせ, 図1のように区切ることができれば, それぞれの過程のプロセスを理解していると判断できます。表6のモデル文を音声例文として活用し, それぞれのプロセスの箇所で挙手や札(「知る」,「整理する」等を書いた札)を挙げさせるといった活動も可能となります。

表6　話し合いのモデル文

司会	今から, 全校集会のクラスの出し物を話し合いたいと思います。まず, 意見を決めるための, 基準を決めておきたいと思います。
まき ゆい ゆうた	はい。
	(中略)
まき	一人で缶を積んでもらおうと思っています。
ゆい	ゆうたさんに質問します。まと当てのまとはどんなもので作るのですか。
ゆうた	そうですね。段ボールを用意して作ろうと思います。
	(中略)
司会	では, 全員の意見が出たので, ここで一度整理しますね。まきさんは缶つみ, ゆいさんはボウリング, ゆうたさんはまと当てという意見でした。では, 次に出た意見について, 順番に質問をお願いします。(後略)

↓

知る

司会	今から, 全校集会のクラスの出し物を話し合いたいと思います。まず, 意見を決めるための, 基準を決めておきたいと思います。
まき ゆい ゆうた	はい。
	(中略)
まき	一人で缶を積んでもらおうと思っています。
ゆい	ゆうたさんに質問します。まと当てのまとはどんなもので作るのですか。
ゆうた	そうですね。段ボールを用意して作ろうと思います。

(中略)

整理する

司会	では, 全員の意見が出たので, ここで一度整理しますね。まきさんは缶つみ, ゆいさんはボウリング, ゆうたさんは的当てという意見でした。では, 次に出た意見について, 順番に質問をお願いします。

図1　プロセスごとに区切らせる

足りない話し合いのプロセスを見つけよう

　表6の話し合い例を提示し,「どのプロセスがないのか」を考えさせることも一案です。

　表6の場合,「吟味する」「まとめる」に当たる発言例が足りません。

足りないプロセスはどこになりますか。

　と問い,話し合いのプロセスへの理解を深めましょう。

　また,話し合い例の中で発話と一致するプロセスを見つけたとして,発言内容が不十分なプロセスはどこかを指摘させ,どのような発言内容をすれば十分な内容になるかを考えさせます。

　例えば,表6中の以下の発言に着目します（省略部分を含む）。

ゆい	そうですね。1年生でも転がせるように,1年生の子がふだん使っているやわらかいドッジボールの球でしようと思っています。
ゆうた	まきさんに質問します。缶つみは,一人でするのですか,それとも,友達に協力してもらってもいいのですか。
まき	一人で缶を積んでもらおうと思っています。
ゆい	ゆうたさんに質問します。まと当てのまとはどんなもので作るのですか。
ゆうた	そうですね。段ボールを用意して作ろうと思います。（後略）

　上のやりとりは,プロセスの「吟味する」過程に当たり,質問し合いながら情報収集を行い,判断基準に照らし合わせながら意見のよい点・問題点を確かめる場面です。

　ここで教師から次のような問いかけをしてみてはどうでしょうか。

この後,「吟味する」過程で話し合いを続けるためには,どのようなやりとりをすればよいでしょうか。

　上のように問いかけながら,やりとりを考えさせます。話し合いの流れを確かめながら,やりとりを考えさせてもよいでしょう。

　「合意」を目指す話し合いの鍵はプロセスだと言っても過言ではありません。そのプロセスを理解させるための活動を丁寧に行い,話し合い指導の充実を図りましょう。

ICT・アプリ活用

アプリ「UDトーク」を活用した授業

✓ 「UDトーク」アプリの活用

　話し合いは，基本的に音声でやりとりされます。その特性上，話し合いを記録しなければ消えてなくなってしまいます。そのため，「話すこと・聞くこと」の中でも特に話し合いの指導では子どもたちが思考したことや音声として発したことを「可視化・保存」することが必要となります。ここで紹介する「UDトーク」を活用すれば，文字化や保存が簡単に行え，話し合いの力がさらに深まるでしょう。

✓ 「UDトーク」って？

　「UDトーク」は，音声認識と多言語翻訳で会話やスピーチをリアルタイムで文字化できるアプリです。福祉や観光の分野で活用の多いアプリで，聴覚障害者対応や翻訳機能を使った外国人対応，議事録の作成，文字起こしなどで幅広くその機能が活用されています。1対1の対話から多人数の対話まで，話し合いの授業に活用できる機能がたくさんあります。これまでの話し合い授業の常識を変える機能が日々更新される注目のアプリです。

Shamrock Records 株式会社
※ダウンロードは，App Store または Play ストアから。「UDトーク」で検索

詳しくすると…こんな活動！

Point1　「文字化」資料で話し合いを振り返る

「UDトーク」を使って，話し合いをリアルタイムで文字化する。文字化された資料をもとに話し合いをリアルタイムで振り返る。

Point2　「字幕付き」映像資料で話し合いを振り返る

「UDトーク」の会話記録と動画投稿サイトなどの字幕作成機能を用いた「字幕付き」映像資料で話し合いを振り返る。

Point3　「リアルタイム字幕」で話し合いを可視化する

「UDトーク」の「ARモード」「シアターモード」を使い，クラスメイトの話し合いを「音声＆文字」で目の前に表示し，視覚支援で活性化する。

1 「文字化」資料で話し合いを振り返ろう

　話し合いは音声でやりとりされるので、その特性上、記録しなければ消えてなくなってしまいます。そのため、話し合いの指導には、よく「映像資料」や「文字化資料」が用いられます。そのような資料を用いて事後に振り返りを行ったり、「速記型文字化」つまり、黒板等に話し合いを書き写し、振り返ったりします。話し合いそのものを振り返ることは、対話の力を付ける上で非常に重要なことです。

　「UDトーク」には、音声をリアルタイムで文字化（文字起こし）する機能があります。ボタンを押し、話し合いを進めるだけでリアルタイムに話し合いが文字で表れます。

（今までの音声の文字化）　　　　　　　　　　　（音声のリアルタイム表示）

・黒板に速記するので字が汚くなり、振り返る際に見にくい。
・聞き逃しがあるので、音声についていくには、キーワードのみになる場合もある。

　話し合いの文字化は、これまで「速記型文字化」やICレコーダーに録音し手作業で文字起こしをする等の方法しかありませんでした。どちらも非常に労力がかかり、大変な作業です。この「UDトーク」は、そのような文字化の手間を省き、話し合いの可視化をリアルタイムで行えるところが魅力です。マイクや機器を増やせば、2～5人のグループでの話し合いも文字化できます。文字化された話し合いの記録は、テキストデータにできるので、事後に文字化した資料を作成する際もすぐに活用できます。

　「UDトーク」には、話し合いの授業に活用できる様々な機能があります。

■フルスクリーン表示■

　話し合いを教室の大型テレビ画面やプロジェクタ等に映し出すことができます。
　話し合いを聞くだけでなく、リアルタイムに大画面にも表示されるので、視覚的な支援にも

なります。

　話し合いを振り返る際にも，手元の端末で画面をスクロールすれば遡って話し合いを見ることができます。自分の言ったことをあまり覚えていない場合でも，記録をもとに振り返ることができるので，「○○さんのこの発言がよかった。」「○○さんは，こう言ったけど，さらに話し合いを深めるにはどう言ったらよかったかな。」など，具体的な発問ができます。

■漢字かな日本語設定■

　話し合いの文字化で困ることは，教える学年に応じて漢字とひらがなを使い分けなければいけないことでした。全てひらがなだと高学年は見にくくなり，学年の漢字習得に合わせて文字化するのは大変難しいことです。

　「UDトーク」には，文字化する際の「漢字かな日本語設定」という機能があります。教える学年を選択しておくと，話し合いを文字化する際に自動的にその学年の漢字習得に応じた形で表示されます。（小学校1年生〜中学校まで学年ごとに対応）

　もちろん，読み仮名表示も可能なので，個別の関わりが必要な子どもたちの支援にも活用できます。

> リアルタイムで文字化された資料をもとに，「どの発言がよかった？」「この発言のキーワードは？」等，今まで難しかった話し合いの振り返りを簡単に行うことができます。どの発話かを特定しやすくするために行番号も自動で付けることができます。話し合いの振り返りを格段に簡単にすることができます。

2 「字幕付き」映像資料で話し合いを振り返ろう

　話し合いや音読などをビデオで撮り，映像で振り返る授業をされたことはありませんか？「UDトーク」の文字化機能と動画投稿サイトなどの字幕作成機能を用いれば，「字幕付き」映像資料を作成することができます。

（「字幕付き」映像資料のイメージ）

「UDトーク」の会話ログ（文字記録）には時間軸も表示されるので，映像との連携も簡単です。

　「字幕付き」映像資料を使えば，聞き逃してしまう音声だけの言葉だけでなく，文字でも話し合いを追うことができます。聴覚（音声）と視覚（文字）の両方で話し合いを振り返ることで，より効果的な振り返りを行うことができるでしょう。

3 「リアルタイム字幕」で話し合いを可視化しよう！

　「UDトーク」には，「ARモード」「シアターモード」があります。「ARモード」「シアターモード」を使い，タブレットPCやスマートフォンを相手に向ければ，リアルタイムで相手の話している内容が相手の話している姿と共に目の前に表示されます。

　教室前面のテレビやスクリーンではなく，手元のタブレットPCなどを通すので，目線の動きが少ない状態で文字情報を得ることができ，聞き逃した情報も確かめることができます。

　また，VRゴーグルを装着すれば，目線の変化がなく，まるで海外映画の日本語字幕のように目の前に文字が表示されます。今はまだVRゴーグル自体が大きく，話し合いにおいては不自

然かもしれませんが，技術が進めばもっと自然に文字情報を得られるようになるでしょう。音声のリアルタイム文字化を行うことで，話し合い指導は，より簡単に，より深く行うことができるようになっていくでしょう。

Chapter 4

深い学びにつながる！

「話すこと・聞くこと」指導のアイデア

入門期の指導 「話すこと・聞くこと」の力を付けるには…

✓ 1年生で取り組むべきこと

1年生は，先生や友達に聞いてほしい話をたくさん持っています。特に入学したばかりの子どもたちは，毎日が驚きや発見でいっぱいです。まずは，友達の前で話すという活動に慣れることが大切です。そこで，自分がみんなに知らせたいことを毎日交代で伝える活動を取り入れます。国語科だけに限らず，全員が発表できる場面を多く設定します。

また，友達がどんなことを話しているのか内容を理解することや，話し手を見て，話を聞く態度も合わせて指導します。その中から自分の体験と関連していることや分からないこと，詳しく知りたいことを尋ねる指導も行います。

◀単元の目標▶

・必要な事柄を思い出して，みんなの前で話すことができる。
・興味を持って友達の話を聞くことができる。

詳しくすると…こんな活動！

Point1　型に当てはめて話す
・対話の型に当てはめ，言葉のやりとりに慣れる。

Point2　型に当てはめずに話す
・教師の話を受け，どのような言葉で応答すれば話をつなぐことができるのか，言葉のやりとりを考える。

Point3　見て！聞いて！話す
・友達の一文スピーチから応答を考える。

Point4　いろいろな返し方で話す
・簡単なやりとりから，話を受けて返すことをいろいろな方法で考える。

1 型に当てはめて話してみよう

入学当初の子どもに効果的な指導を行うためには，まず対話に慣れることが重要です。

> ☑ **そのまま使える！活動の流れ**
> ① ペアで向かい合わせに座る。
> ② 話し手と聞き手を決める。
> ③ 教師の対話のモデルを聞く。
> ④ モデル文中の□□□の言葉を考える。
> ⑤ みんなの前で対話をする。

（以下の番号は上記の活動の流れに対応）

①相手の目を見て，はじめと終わりに「お願いします」「ありがとうございました」と挨拶することを確認する。

②話し手と聞き手の役割を明確にするために，役割ごとに手を挙げさせて確認する。

③黒板にモデル文（下記）を示す。自分の役割（Aが話し手，Bが聞き手）を確認させるためにモデル文を読ませる。

A：Bさん。
B：はい。
A：Bさんが小学校に入学して楽しかった遊びは何ですか？
B：□□□□です。
A：そうなのですね。Bさんは，□□□□が楽しかったのですね。
B：はい，そうです。Aさんが小学校に入学して楽しかった遊びは何ですか？
　（以下交代して繰り返す）

---

④上記の□□□□に何が入るかを考えさせ，子どもたちに対話させる。教師は，机間指導で子どもの言葉の力を把握したり，止まっているペアに助言したりする。

⑤下線部のような発言や友達の話を聞いて復唱した受けとめができた子どもを褒めるようにする。また，「ぼくも□□□□をしてみたいな。」などの受けとめができたら，さらに言葉の力が広がっていくでしょう。

2 型に当てはめずに話してみよう

> ✓ **そのまま使える！活動の流れ**
> ① 教師の発話（投げかけた言葉）に対して応答する。
> ② 教師の板書を見ながら様々な応答の仕方を知る。
> ③ 板書を見ながら，一緒にまとめをする。

（以下の番号は上記の活動の流れに対応）

①教師が話す。

「昨日の給食は，カレーでしたね。先生は，カレーの玉ねぎが大好きです。」

ここでは，教師の話の内容を理解した上で反応させることを大切にします。全員起立させ，思い浮かんだら座るよう指示します。思い浮かばなかった子どもには，友達の発表を聞いた後で発表させます。友達と同じ言葉でもよいので全員が発表できるように促します。

②子どもの応答はあいづち，復唱，感想（自分の思いや考え），質問などのカテゴリーに分け，教師が整理して板書する。

板書例

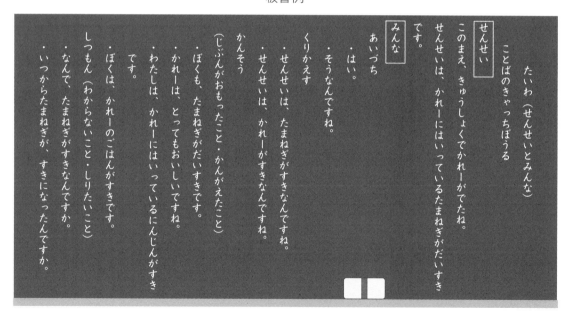

③「自分で考えてしっかり受けとめられたね」など子どもの発言に意味付けをし，賞賛する。

ここでは，あいづちと繰り返す（復唱）を重視します。これらの言葉があることで，話し手は「話をしっかり聞いてもらっている」といううれしさがあることを伝えます。感想や質問などの発言もありますが，その際，必ずあいづちや復唱を言ってから伝えるよう指導します。

3 見て！聞いて！やってみよう

　簡単なスピーチをさせ，他の全員が聞き手となり聞き手を重視した指導をします。話し手は，友達に伝えたいことを話すこととし，1学期にクラス全員がスピーチできるようにします。全体指導で学ぶ中で，子ども同士で一対一のやりとりができることを目指します。

> ☑ **そのまま使える！活動の流れ**
> ① 話し手がスピーチをする。
> ② 聞き手はスピーチを聞き，質問をしたり感想を伝えたりする。
> ③ 言葉を補い，スピーチを改善する。

（以下の番号は上記の活動の流れに対応）

①子どもがスピーチする。教師は板書する。

> はじめのスピーチ　　今日，何でも早くできました。

②聞き手が質問や感想を伝える。（一回目は教師が聞き手となり，やりとりを板書する。）

> 教師：何でも早くできたんですね。どんなことが早くできましたか？
> 子ども：起きるのも，顔を洗うのも，学校の準備も全部です。
> 教師：えらいな。学校の準備はいつしましたか？
> 子ども：金曜日。家に帰ってからすぐにしました。
> 教師：へえ。ずいぶん早くからしたんだね。誰としたの？
> 子ども：お母さんと一緒にしました。
> 教師：そうかあ。何でも早くできて，どんな気持ちになりましたか？
> 子ども：すっきりした気持ちです。うれしかったです。

③スピーチを改善する。

　質問や感想，質問に対する答えを板書します。質問によって詳しくなった部分に線を引き，付け加えてはじめのスピーチを編集し，終わりのスピーチとします。

> おわりのスピーチ　　今日，起きるのも顔を洗うのも，学校の準備をするのも全部早くできました。学校の準備は金曜日，家に帰ってからすぐにお母さんとしました。すっきりした気持ちになってうれしかったです。

　終わりのスピーチも全文板書してもう一度読ませます。板書では質問によって詳しくなった部分に線を入れ，話し手と聞き手が生み出したものであることを伝えます。

4 いろいろな返し方で話してみよう

　簡単なやりとりから，言葉の返し方には，いくつかの種類があることを学びます。次に，指定された条件で話を受けて返します。また前後のやりとりから，質問を考えます。条件が指定されることで，思考が促されます。低学年だけでなく，高学年でも年度初めに取り入れることで，返し方の復習につながります。

> ✓ **そのまま使える！活動の流れ**
> ①話を受けて返すための返し方を知る。
> ②指定された条件で受けて返す。
> ③発言内容から，どの条件で受けて返したのかを考える。
> ④質問の答えから，どのような質問だったかを考える。

（以下の番号は上記の活動の流れに対応）

①話を受けて返すための返し方を知る。

　一人の発言に対して，【あいづち】【復唱】【質問】【感想】【感想＋質問】などで受けて返すための返し方の種類を学ばせます。黒板に書いたり掲示したりし，視覚的にも捉えられるようにし，教師と子どもたちとの一斉指導のやりとりの中で確認させます。

ハンバーグが好きです。

【あいづち】
へえ，そうなんだ。

【復唱】
ハンバーグが好きなんですね。

【質問】
どうしてハンバーグが好きなのですか。

【感想】
ハンバーグって，ソースがおいしいよね。

【感想＋質問】
ハンバーグってソースがおいしいよね。（感想）
トマトソースとデミグラスソースでは，どちらが好きですか。（質問）

②**指定された条件で受けて返す。**

教師が返し方（感想を述べてから質問して返す）を指定し，指定に応じた発言で返すようにします。

指定された条件　　　【あいづち＋質問】で受けて返しましょう。

【あいづち＋質問】
そうなんだ。ハンバーグ，おいしいよね。（あいづち）
最近では，いつハンバーグを食べましたか。（質問）

指定された条件　　　【感想＋質問】で受けて返しましょう。

【感想＋質問】
ぼくもハンバーグが好きです。給食のメニューで一番好きです。（感想）
給食のメニューの中では，何が一番好きですか。（質問）

返し方を指定することで，それに応じて的確に返すことが求められます。そして，じっくりと言葉を選び発言する必要があるため，思考が促されます。【感想＋質問】のように指定された条件や話題を変えることで，発言のバリエーションを広げたり深めたりすることにつながります。

③**発言から返し方の条件を考える。**

【□□＋□□】
ハンバーグが好きなんですね。
家のハンバーグとお店のハンバーグでは，どちらが好きですか。

聞き手は，発言内容から，どの条件で答えているかを考えます。発言は黒板に書き，文字と音声で捉えさせるようにします。上記の場合は，【復唱＋質問】になります。3人組で役割を交代しながらしても楽しむことができます。

④答えから，質問を考える。

受けて返した発言を先に提示し，質問の答えからどのような質問だったかを考えます。

【考えられる質問例】

・好きな給食のメニューは何ですか。
・からあげとハンバーグでは，どちらが好きですか。
・白いご飯に合うおかずでは，何が一番好きですか。

言葉のやりとりから，途中の空所の質問を考えます。的確な質問をするために，前後の言葉のやりとりから話の内容を把握し，話の流れに応じた質問を考えることが求められます。

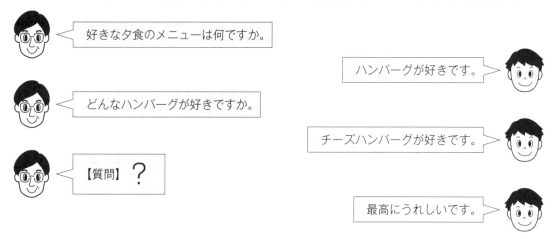

？の質問に入ると考えられる質問例

・ハンバーグの中から，とろっととけたチーズが出てきたらどう思いますか。
・ハンバーグの上にも中にもチーズが入っていたら，どう思いますか。
・給食でチーズとハンバーグと両方出たら，どんな気持ちになりますか。

応答では，質問をしたり答えたりすることが多いです。しかし，答えが分かっていて，それに当てはまる質問を考えることで，より思考が促され深い学びへとつながっていきます。

思考ツール 「思考を整理する力」を付けるには…

✓ 対話を深める「思考を整理する力」の指導のポイント

　対話において「話すこと」と「聞くこと」は，表裏一体であり，切っても切れない関係にあります。話し合いを深めるためには，相手の話を聞き，その内容や自分の考えを整理したり，質問を考えたりすることが必要です。しかし，話の内容や自分の考えを耳だけで聞いて，頭の中で整理することは想像以上に難しいことです。そのために，思考ツールを使って話し合いを整理する方法を学ばせるとよいでしょう。思考ツールを使うと，耳で聞いていただけの情報が視覚化され，思考を整理する大きなヒントになります。そのような「思考ツール」を使った，思考を整理するための指導例を集めました。授業以外の実際の話し合いで，思考ツールを使うことは難しいですが，思考ツールを使った思考に慣れてくれば，頭の中で思考を整理できるようになってきます。子どもたちの頭の中に思考ツールが浮かんでくるようになれば，普段の話し合いも整理され，すっきりしたり活性化したりすることでしょう。

詳しくすると…こんな活動！

Point1　マトリクス表を使って話し合いを整理する

話し合いで出た意見をマトリクス表に整理させ，共通点や相違点などを明確にして話し合う。

Point2　イメージマップで思考を広げたり整理したりする

自分の思考をイメージマップに書き込み，関連付けたり，思考を広げたり整理したりする。

Point3　付箋を使って整理し，共通点を考える

話し合いで出た意見や理由を付箋に書き，共通点を考えグルーピングするなどして整理する。

1 マトリクス表を使って思考を整理しよう

> ☑ **そのまま使える！活動の流れ**
> ① 「話し合いグループ」（4～5人）と「参観者グループ」（その他）に分かれる。
> ② 「話し合いグループ」がモデルの話し合いを行う。（次の休み時間の遊び等）
>   他の「参観者グループ」は話し合いを聞き，マトリクス表に出た意見をまとめる。
> ③ 書き込まれたマトリクス表を全員で見て，話し合いを振り返る。
> ④ グループ（4～5人）でマトリクス表を使いながら話し合いを行う。
> ⑤ 書き込まれたマトリクス表を見て，グループで話し合いを振り返る。

表1　話し合いに使うマトリクス（例）

	何をするか	理由	質問	よい点	問題点
石田	ドッジボール	ルールが簡単	苦手な子は？		苦手な子楽しめない
三宅	リレー	全員走る　同じ	どこを使うか	みんなで協力　みんなで楽しめる	場所
坂本	大縄跳び	協力できる	待ち時間　長い→縄二つに	みんな楽しい	
伊藤	鬼ごっこ	走り回れる		みんな楽しめる	

> 共通点や相違点をグルーピングすることで，情報が整理され，論点が明確になる。

　マトリクス表の使い方に慣れるためにも，まずはマトリクス表の書き方を理解します。表1に書き込む内容は，キーワードをもとに箇条書きにしましょう。話し合いを聞き，マトリクス表に書き込んだら，それをもとに話し合いを振り返ります。上のマトリクス表で，「ルールが簡単」という理由で最終的にドッジボールに決まったとします。しかし，マトリクス表を見てグルーピングしていくとリレーとおにごっこの「走る」という理由が同じことやリレー，大縄跳び，おにごっこでよい点として挙げられている「みんなで楽しめる」に対して，ドッジボールでは「苦手な子が楽しめない」という問題点が浮き彫りになってきます。頭の中で考えるだけでなくマトリクス表にすることで，複雑だった情報が整理され，本当に話し合う内容が明確になります。慣れてくれば，自分たちの話し合いの場面でも利用させるとよいでしょう。グループでホワイトボードや模造紙を広げ，書き込ませるのも全員の思考を整理するのに有効です。

2 イメージマップで思考を広げたり整理したりしよう

　話し合いにおいて，最初に子どもたちから出る議題は「用務員さんに感謝の気持ちを伝えるために何をしたいか」など，概略は分かるものの，何をするか具体的でないことが多いです。話し合いを進めるには，話し合いの中でその議題の内容を具体的にしていく必要があります。しかし，実際の話し合いの中で議題を具体化することは容易ではありません。そのためにも「イメージマップ」を使って議題を具体化する練習を行いましょう。

図1　イメージマップ（感謝の気持ち）

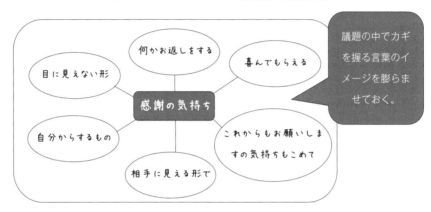

図2　イメージマップ（クラス全員でできること）

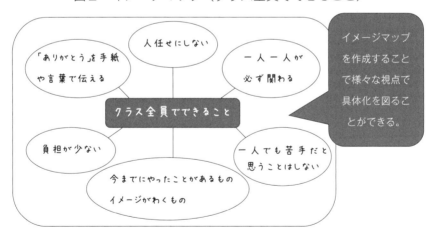

　このように，議題を具体化し話し合いを進めることは，本当の意味での合意へと向かう話し合いをするためには不可欠なことです。上記のように具体化したパターンを何種類か持っていれば，話し合いの際により具体的な意見が出てきやすいのではないでしょうか。そのためにも，イメージマップを描き，イメージを広げたり整理したりする力を付けていきましょう。

3 付箋を使って整理し，共通点を考えよう

✅ **そのまま使える！活動の流れ**
① メモのとり方を確かめる。(キーワード・箇条書き　など)
② 紙面で，共通点に着目した整理の仕方（グルーピング）について学ぶ。
③ 音声で，複数の人の発言について意見と理由に着目して聞き，共通点を見つけて整理（グルーピング）する。

話し合い教材を学習する前に，「整理する」ことを学習することで「話し合いを整理する」意識を持たせるとともに実際の話し合いで自在に整理することができるようにさせたいですね。

図3　付箋を使った整理

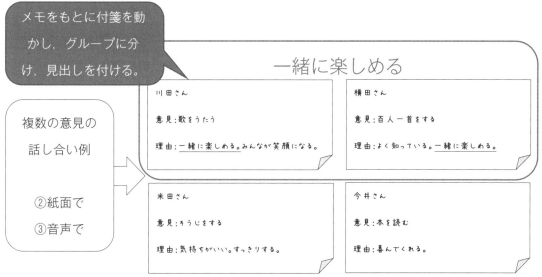

②の「紙面で，共通点に着目した整理の仕方（グルーピング）について学ぶ」では，まず，複数の意見の例を紙面で見て，確認します。その上で，書かれている複数の意見を理由とともに付箋に端的にメモをします。次に，メモを見ながら，意見や理由の共通点を探し，メモした付箋を整理（グルーピング）します。最後に，「どのような点でグループに分けたのか」を考えさせ，分けたグループに見出しを付けます。

③の「音声で，複数の人の発言について意見と理由に着目して聞き，共通点を見つけて整理（グルーピング）する」は，②のように紙面上での学習を行った後，別の事例（複数の意見）を用意し，教師が範読するなど音声で聞き，理由と共にメモをとり，同じように整理（グルーピング）し見出しを考えます。最初は紙面上で行い，次に音声へと段階を経ることで，子どもたちの「整理する」ことへの抵抗感も減らすことができます。子どもたちは，グルーピングすることの有効性が分かれば，学校生活の様々な場面でその力を活用できるでしょう。

メモの指導
「メモをとる力」を付けるには…

✓ 話を聞き,「メモを取る力」の指導のポイント

　大事なところを落とさないように聞いていても,音声言語は,一過性であり,記憶するには限界があります。そこで聞いたことを記憶にとどめておくためには,「メモをとる」ことが重要になります。

　「話すこと・聞くこと」領域でのメモの役割は,大きく二種類あります。一つは,話を聞きながら記録する聞き取りメモ,もう一つはインタビューや話し合い,討論などを行う前に,自分の考えをまとめておくためのメモです。また,インタビューや伝達文など話し手が一人の場合と話し合いや討論など話し手が複数存在する場合があります（P.101「『思考を整理する力』を付けるには…」参照）。ここでは,とりわけ,話し手が一人で,インタビューや伝達文を聞きながら記録する場合のメモのとり方について説明します。

詳しくすると…こんな活動！

Point1　キーワードや箇条書きで短くまとめる
簡単な話や連絡などメモの目的に応じて,必要なことを抜き出したり,短くまとめたりしながら,メモに記録する。

Point2　話のまとまりで捉える
聞き取る話の中に,内容を把握できるような話のまとまりが,いくつあるか考えながら,話のまとまりごとに記録する。

Point3　分かりやすいメモを工夫する
話のまとまりでメモがとれるようになったら,番号や囲み線で優先順位をつけたり,疑問点を書き込んだりなど後で見返したときに分かりやすい工夫を学ぶ。

1 キーワードや箇条書きで短くまとめよう

> ✓ **そのまま使える！活動の流れ**
> ① 教師が用意した伝達文を聞き，メモをとる。
> ② とったメモを見せ合いながら，メモのとり方で大事なポイントを整理する。
> ③ 大切なポイントを生かし，もう一度メモをとる。
>
> 大切なポイント
> ・キーワードを抜き出す
> ・短い文や単語でまとめる（箇条書き）

　メモをとる際には，まず何のためにメモをとり，とったメモをどのように活用するのか共通理解する必要があります。まずは，持ち物の連絡など普段から書き慣れている内容で練習するとよいでしょう。教師が用意した話には，最低限必要な重要語句としてどの情報がキーワードになるかを予め想定しておく必要があります。子どもたちは，話の内容をすべて記録しようとする傾向にあります。メモの目的と照らし合わせたときに，必要な情報とそうでない情報を検討することが，大事な言葉を落とさないことにつながります。

　また低学年においては，聞きながら書くという活動に慣れていないため，スピードについていけないことがあります。日常指導として聴写を取り入れるなど，聞きながら書く活動を経験させることもよいでしょう（表1）。

表1　連絡事項の聞き取りメモ（例）

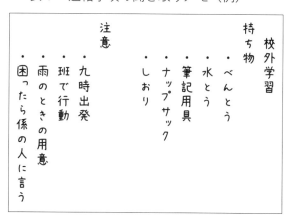

2 話のまとまりで捉えよう

☑ **そのまま使える！活動の流れ**
① 教師が用意した話を聞き，メモをとる。
② とったメモを見せ合いながら，メモのとり方で大切なポイントを整理する。
③ 大切なポイントを生かし，もう一度メモをとる。

　　大切なポイント
　　　・キーワードを抜き出す
　　　・短い文や単語でまとめる（箇条書き）
　　　・話のまとまりごとにまとめる

　話には，いくつかのまとまりがあります。聞き取る内容の大体を要約し，把握できるようにまとまり意識をもって聞かなければなりません。はじめは，下記のように「ケーキ屋さんから，きっかけ，うれしいこと，困っていることについての話があります。一つ目は……。」といった話のまとまりが分かりやすい話を用意します。まずは，話のまとまりを意識し，スペースをとりながらメモをとることに慣れていきます。また，数が分かる場合は番号を書いておくとよいでしょう（表2）。

　慣れてきたら，聞くだけではすぐにまとまりが分からない話でメモをとります。そして，間を空けたり，線で区切ったりしながら，まとまりを意識させます。

　それができるようになれば，聞き取った内容がどのようなものであるか，まとまりごとに見出しを付けます。聞きながら話の詳細を要点ごとに整理するため，さらに深い理解や思考とつながっていきます。

表2　インタビューのメモ（例）

```
ケーキ屋さんのお話

きっかけ
　・ケーキがすき
　・人をよろこばせたい

うれしいこと
　・思った通りに作れた
　・おいしいと言ってくれた
　・思いがけなくいい味になった

こまっていること
　・予想した仕上がりにならない
　・新商品を開発すること
```

107

3 分かりやすいメモを工夫しよう

☑ **そのまま使える！活動の流れ**
① 教師が用意した話を聞き，メモをとる。
② とったメモを見せ合いながら，メモのとり方で大切なポイントを整理する。
③ 大切なポイントを生かし，もう一度メモをとる。

　大切なポイント
　　・キーワードを抜き出す
　　・短い文や単語でまとめる（箇条書き）
　　・話のまとまりごとにまとめる
　　・線や囲み，番号など優先順位をつける
　　・順序を整理したり，疑問や意見を付け加えたりする

表3　読み聞かせ会のメモ例

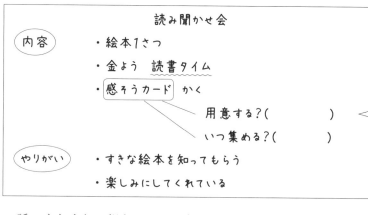

話の内容の不足や疑問点を書き加え，後で質問できるようにする。質問後に付け加えるメモのスペースを作っておく。

　話のまとまりで捉えられるようになったら，後からメモを見返したときに，記録からより情報が取り出せるように分かりやすいメモの工夫が必要となります。重要な箇所に線を引いたり，話のまとまりを丸で囲んだりするような視覚的な工夫も大切です。また，話を聞きながら，「これはどうするのだろう？」といった疑問など話を聞くだけでは情報が足りないこともあります。後で話し手に質問し確認することで，不足している情報を補うことができます。その際には，後で確認する疑問と不足情報を書き足せるスペースもメモに書き加えさせます。話を聞いて，子どもたちが情報の不足に気付き，疑問が生まれるような話を教師が用意しておくとよいでしょう。

主張 理由 根拠

「『主張・理由・根拠』を意識して発言する力」を付けるには…

✓ 目指す子どもの姿

子どもたちが話し合う場面を見ると，感情的に自分の主張を述べたり，主張はしても筋道立てて，うまく伝えることができなかったりすることがあります。また，主張のみを発言し，そのもととなる理由や根拠がない子どもたちもいます。意見を述べる際，主張・理由・根拠を意識した発言ができるようになると，説得力や話し合いに深まりが生まれます。

詳しくすると…こんな活動！

Point 主張・理由・根拠いずれの発言になるのかを考える

それぞれの発言が「主張」「理由」「根拠」のいずれに当てはまるのかを考える。

✓ そのまま使える！活動の流れ

・それぞれの発言が「主張」「理由」「根拠」のいずれに当てはまるのかを紙面上で考える。

それぞれの発言が「主張」「理由」「根拠」のいずれに当てはまるのかを考えさせます。確実に「主張」「理由」「根拠」が理解できるよう，まずは，紙面上で考えさせる活動を取り入れ実際の発言にも生かせるようにします。

「主張」「理由」「根拠」のいずれに当てはまるかを考えよう
（話題）「遠足の行き先について」

主張は「結論」，根拠は「客観的な事実・データ」，理由は「事実やデータに基づく推測」だったね。次の（ア）（イ）（ウ）の文は，主張・理由・根拠のどれに当てはまるかな。

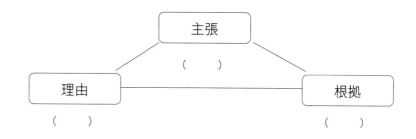

> 主張・理由・根拠，それぞれの考え方と照らし合わせながら，（ア）（イ）（ウ）の文が，どれに当てはまるのか考えさせましょう。

（ア）竹山城ではなく，円田川に行こう。
（イ）少しでも遠くまで行く方が楽しい。
（ウ）パンフレットで確認すると円田川は2時間，竹山城は10分で着くと書いてある。

　上のような例を示し，（ア）〜（ウ）の発話が【主張】【理由】【根拠】のいずれに当てはまるのかを考えさせます。そうすることで，【理由】【根拠】とは何かを考えやすくなります。
　【理由】と【根拠】を考える際のヒントとして，以下のような問い返しを指導者が行いながら分類させることも可能です。

【主張】　竹山城ではなく，円田川に行こう
【理由】（どうして，そう思ったの？）　少しでも遠くまで行く方が楽しい
【根拠】（なぜ，そう言えるの？）　だって，パンフレットで確認すると……

※　場合によっては，【主張】を述べてから【根拠】（事実）と【理由】（推測）といった発言をする子どもたちもいるので，教師が【根拠】と【理由】を聞き分け指導することが大切です。

　読解の場合は，【理由】と【根拠】が混在する場合もありますが，【主張】【理由】【根拠】を意識して使い分けることができるように指導し，筋道立てた発言や話し合いができるようにしたいものです。

Chapter 5

付けた力をしっかりみとる！

「話すこと・聞くこと」評価問題のアイデア

ポイント 「話すこと・聞くこと」の指導と評価

☑ 「話すこと・聞くこと」の評価はどこでするの？

　一般的に「話すこと・聞くこと」の授業における評価は難しいと言われます。それについては，以下のような要因が考えられます。

・音声のため，その場ですぐ消えてなくなってしまう。
・その場での評価が求められるので，ある程度の展開（みとり）を具体的に考えておく必要がある。
・話し合いを一度に聞くことができないので，一部のグループの評価だけとなってしまう。

　しかし，評価を適切に行うことは，「活動（授業）の質の向上につながる」「付けたい力が子ども達に確かに身に付いたのかを確認できる」「この後の授業（次単元）をどのように仕組むかを考える際の参考となる」など多くのメリットがあります。このように大切な評価には，「話し合い」を例にした場合①「レディネスチェック」②「話し合い中の評価」③「話し合い後の評価」といった評価が存在します（図1）。

図1　単元における評価の位置

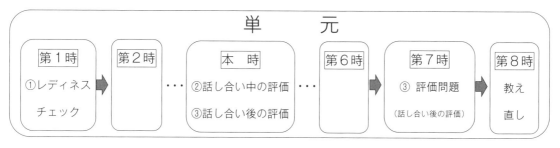

① **レディネスチェック**

　単元（授業）に入る前に身に付いている力を確認し，それを踏まえて授業を仕組む。

② **話し合い中の評価**

　話し合いを行っている途中に，「あなたなら，どのように話しますか（答えますか）」「○○の話し方（答え方）以外の表現はありますか」「なぜ，そのような質問をした（答えた）のですか？」の等の発問を行い，瞬時に発言や質問を見つめさせる。そうすることは，よりよい表現に修正させる力を付けたり，その場での対応力を身に付けさせることにつながります。

　例えば，本書では【ここが指導・評価のカギ！】の中で，話し合い中の指導，話し合い後の指導でいえば，次のような評価を挙げています。

> ・タブレット端末等音声が録音できるものを活用し，話し合いのやりとりを確認する。
>
> （「つたえよう，楽しい学校生活」 Point2 P.44）
>
> ・黒板等に文字化し，子どもたちに話し合いを振り返らせる。
>
> （「クラスで話し合おう」 Point2 P.48）

③ 話し合い後の評価

　授業の後半，単元の後半に評価を行い，付いた力を確認する。

　②や③は授業（活動）の途中途中で行う，形成的評価といわれる評価であり，子どもたちが目標に到達していなければ教え直しを行い，身に付けさせます。音声での評価も考えられますが，ここでは文字化をしてみとる評価を紹介します。

✔ **音声だけど文字化資料で評価するの？**

　「話すこと・聞くこと」領域において評価を考える際，音声を文字化資料で確認する場合がよく見られます。「子どもたちが紡ぎ出した発言ではないので，これが評価と言えるのか」と思われる指導者も，しばしばいます。しかし見方を変えれば，音声を文字化した評価問題で解答が難しい子どもは，瞬時に判断して対応することが求められる「話し合い」の授業においては，さらに解答が難しくなると推測されます。このように音声情報ではない，文字情報（資料）である評価問題は，子どもたちのつまずきの把握に役立ったり，付けた力が確かに身に付いているのかを見極めたりするための材料となります。以上のことから評価問題を効果的に取り入れることで，子どもたちのつまずきを把握でき，次の指導に生かしていくことができます。

✔ **評価問題作成のポイントは？**

　評価問題を作成する際には以下の①〜④のポイントを意識して作成してみましょう。

> ① 教科書が示すプロセスに応じたメンバーの発言（やりとり）を考える。
> ② 教科書が示す目標（付けたい力）を確認し，それに応じた設問を考える。
> ③ ①，②で作成したものを実際に指導者が一度解いてみる。
> ④ 複数の指導者で作成した評価問題を検討する。

①…教科書が示すプロセスとメンバーが発言しているモデル文について，その発言の内容やメンバー同士が質問したり司会がまとめたりしているといったプロセスに関わる点を参考にしながら，教科書に類似した発言や発言の構成を考えてみましょう[2]。

②…単元を通して子どもたちに付けたい力に迫る設問を考えます。例えば以下のような設問が考えられます。

2　長谷浩也（2017）「国語教科書所収「話し合い」教材に関する一考察—平成23年〜28年度発行小中学国語教科書の場合—」『教材学研究』第28巻　日本教材学会

| 設問A | もしあなたが，司会の立場なら，どのような発言をしますか。（P.118参照） |
| 設問B | 二つ目の原因として考えられることを，司会者になったつもりで考え，話し合いの流れに沿うよう書き込みましょう。（P.120参照） |

③・④…教師自らが一度作成した設問を解いてみます。作成した設問に対して子どもたちがどのように答えるのかを考えたり，正答とする表現を決めたりします。また，そのことを複数の指導者と行うことで，評価問題の精度を上げていきます。

✓ 全国学力・学習状況調査の問題をどう授業に生かすの？

　平成19年度から毎年「話すこと・聞くこと」領域の問題が出題されています。どの箇所を子どもたちが苦手としているのかについては，文部科学省が「報告書」として反応率と正答を示しています。子どもたちの苦手とする箇所を知った上で，全国学力・学習状況調査の問題を以下のように活用してみましょう。

① 単元と関係する問題を選び，レディネス及び話し合い後の評価に活用する
　実施された問題（文字化教材）をそのまま活用しても，音声化して提示してもよいでしょう。
② 単元と関係する問題を参考にアレンジを加えて活用する
　実施された問題にアレンジを加えることは，単元で付けたい力の把握につながります。

　上記に加え，これまで実施されてきた全国学力・学習状況調査の「話すこと・聞くこと」領域の設問は，教科書教材のどの単元と関連し，どのような力を測るものとなっているのか一覧にしておくと計画的な使用ができます（表1）。

表1　全国学力・学習状況調査の分析（例）

実施年度	設問	設問の意図	関連する教科書単元
30	B①	・話し合いの参加者として，質問の意図を捉えることができる。 ・計画的に話し合うために，司会の役割について捉えることができる。	・グループで話し合おう（3年） ・クラスで話し合おう（4年） ・明日をつくるわたしたち（5年） ・きいて，きいて，きいてみよう（5年）

「話すこと・聞くこと」の評価問題例

　本書では，中・高学年を中心に三つの評価問題を掲載しています。「話すこと・聞くこと」の評価の参考にしてください。

---

① スピーチメモから考えよう　　　　　　　（東京書籍3年「話したいな，うれしかったこと」）
② 整理することを意識しよう　　　　　　　　　　（東京書籍4年「クラスで話し合おう」）
③ 話し合いの意図に応じて自分の考えを持とう　（光村図書6年「学級討論会をしよう」）
　　　　　　　　　　　　　　　　　（東京書籍6年「問題を解決するために話し合おう」）

評価問題　三年「話したいな、うれしかったこと」

① スピーチメモから考えよう

名前（　　　　　　　　　　　）

青山さんは、うれしかったできごとや気持ちを思い出して、スピーチメモを書きました。
（青山さんのスピーチメモ）

はじめ	うれしかったことは、「まどをあけてくれて、ありがとう。」と言われたこと。	
中	**できごと**	**気持ち**
	・朝一番に教室に入ったら、すごくあつかった。	
	・教室もろうかも全部のまどをあけて、しんどかった。	
	・二番目に教室に入ってきたのは中野さん。	
	・中野さんは自分のせきにすわった。	・いすにすわった。
	・三番目に入ってきたのは山本さん。	
	・「まどをあけてくれて、ありがとう。」	・教室はすずしいなあ。
	・ぼくはにっこりわらった。	・みんながよろこんでくれてよかったな。
終わり	明日も一番に教室に入って、みんなのためにまどをあけようと思った。	

1　スピーチメモの『中』で、「できごと」の部分に「気持ち」が、「気持ち」の部分に「できごと」が書かれているところが三つあります。メモの中に線を引きましょう。

2　青山さんのスピーチメモの中で、青山さんがもっとも伝えたいことはなんでしょう。

伝えたいこと	

評価問題 三年「話したいな、うれしかったこと」 解答編

名前（　　　　　　　　　　　）

① スピーチメモから考えよう

青山さんは、うれしかったできごとや気持ちを思い出して、スピーチメモを書きました。
（青山さんのスピーチメモ）

はじめ	うれしかったことは、「まどをあけてくれて、ありがとう。」と言われたこと。	
中	**できごと**	**気持ち**
	・朝一番に教室に入ったら、すごくあつかった。	
	・教室もろうかも全部のまどをあけて、しんどかった。	
	・二番目に教室に入ってきたのは中野さん。	
	・中野さんは自分のせきにすわった。	・うれしかったな。
	・三番目に入ってきたのは山本さん。	
	・「まどをあけてくれて、ありがとう。」	・教室はすずしいな。
	・ぼくはにっこりわらった。	・みんながよろこんでくれてよかったな。
終わり	明日も一番に教室に入って、みんなのためにまどをあけようと思った。	

1　スピーチメモの「中」で、「できごと」の部分に「気持ち」が、「気持ち」の部分に「できごと」が書かれているところが三つあります。メモの中に線を引きましょう。

2　青山さんのスピーチメモの中で、青山さんがもっとも伝えたいことはなんでしょう。

伝えたいこと	「まどをあけてくれて、ありがとう。」と言われたこと。

◇つまずきポイント
「出来事」と「気持ち」を混同してしまう。

◇指導のポイント
　話す事柄を選び、筋道を立ててスピーチをさせる際、「はじめ」「中」「終わり」を意識させ、スピーチをさせます。そのスピーチ原稿を作る学習では、「はじめ」「終わり」を書かせてから、それから「中」の部分を書かせることで、中身の充実したスピーチとなることに気付かせます。
　「中」の部分では、「出来事」と「気持ち」について分けて書かせることで、「出来事」だけでなく「気持ち」を込めたスピーチとなるようにします。原稿にまとめる際「出来事」と「気持ち」を混同してしまう子どもがいることも予想されます。
　そこで…「出来事」と「気持ち」が混同したスピーチメモを提示し、全員で丁寧に「出来事」と「気持ち」に分ける活動を取り入れます。また「出来事」を赤線、「気持ち」を青線にして線を引かせるなど、色分けして線を引かせる指導を取り入れます。このようにして「出来事」と「気持ち」を混同しないように丁寧に指導していくことがポイントです。

評価問題　四年「クラスで話し合おう」

② 整理することを意識しよう

名前（　　　　　　　　　）

ゆうたさんのクラスでは、みなさんが学習したように
クラスで話し合いをしています。

司会①（田中）今日は、クラスで仲よくなるために
お楽しみ会を行うゲームについて話し合いま
す。クラス全員が参加できることを考えてい
きます。それでは、みなさんが考えてきたこと
を発表してください。その後で、出た意見につ
いて話し合って、決めていきます。発言すると
きは、意見とその理由を言ってください。記録
係が、それぞれの意見を黒板に書いていきま
す。では意見を出してください。

青木　ぼくは、こおりゲームがいいです。

池田　ぼくは、げきをしたらいいと思います。クラ
スでげきをすると、相手のことを考えてセリ
フや動きをしないといけないからです。

小川　わたしは、クイズがいいと思います。クイズ
でもクラスに関係があるクイズにすればみんな
が仲よくなると思います。

石田　わたしは、池田さんと、にていて音読げき
をしたらいいと思います。理由は「ごんぎつ
ね」を勉強したからみんなでセリフを決めて
するといいと思います。

司会②（野口）ほかに意見はありませんか。では今
出た意見を簡単に整理します。　　１
では、それぞれの意見について、もっとくわし
く知りたいことやたずねたいことがある人
は質問してください。

横山　池田さんに質問します。げきは、いつ練習す
るのですか。
池田　げきは仲よくなれると思います。

島田　小川さんに質問があります。クラスに関係
があるクイズは全員でつくるのですか。

小川　役わりを分たんして、何人かでつくればい
いと思います。

司会③（田中）ほかに質問はありませんか。では
それぞれのよい点や問題点を話し合いましょ
う。　　２

（話し合いは続く）

1　司会①（田中さん）の発言の中で、話し合いの目的
について述べているところがあります。その部分に
線を引きましょう。

2　青木さんの発言はまだ不十分です。不十分な理由を
答えましょう。

3　もしあなたが、司会②（野口さん）の立場なら 1 で、
どのような発言をしますか。

4　池田「げきは仲よくなれると思います。」の発言で
は不十分です。不十分な理由を答えましょう。

5　もしあなたが、司会③（田中さん）の立場なら 2 で、
どのような発言をしますか。

評価問題　四年「クラスで話し合おう」解答編

名前（　　　　　　　　　　　　　）

②　整理することを意識しよう

ゆうたさんのクラスでは、みなさんが学習したように、クラスで話し合いをしています。

司会①（田中）今日は、クラスで仲よくなるためにお楽しみ会で行うゲームについて話し合います。クラス全員が参加できることを考えていきます。それは、みなさんが考えてきたに

◇つまずきポイント
「話し合い」の目的の把握や話し合いのプロセスが理解できずに「話し合い」の内容が把握できない。

◇指導のポイント
１及び３について本文では①議題を確かめる②意見を出し合う③それぞれの意見について質問する④それぞれの意見について話し合う⑤意見をまとめる、といった話し合いのプロセスが記されています。まず「話し合い」のプロセスを丁寧に理解させることから始めましょう。指導としては、教科書に記載されているプロセスを伏せ「話し合い例」をプロセスごとに区切らせる指導が考えられます。
また「話し合い例」を何度も音読させ、司会の整理の仕方を学ばせたり、「話し合い」の展開を踏まえて、「あなたが司会ならどのように整理する発言を述べますか」と考えさせたりしながら、検討する活動を取り入れるとよいでしょう。

をしたらよいと思います。理由は「じゃんけん」を勉強したからみんなでセリフを決めてするということと思います。

司会②（野口）ほかに意見はありませんか。では今出た意見を簡単に整理します。　1　では、それぞれの意見について、もっとくわしく知りたいことがあるでしょうか。
は質問し

横山　池田さん
池田　げきは仲
島田　小川
小川　役わり
　　　があると
　　　と思いま
司会③（田中）
　　　それぞれ
　　　う
（話し合い

◇つまずきポイント
「話し合い」の内容が整理できずに話し合いの流れを踏まえた発言ができない。

◇指導のポイント
５について実際の話し合いの中で、司会を行っている子どもがプロセスを踏まえた発言を行った際「〇〇さんは、△△のように整理しました。□□さんなら、どのように整理しますか」と問い、整理の仕方の比較・検討をする活動を取り入れます。検討の視点は、話し合いの内容（展開）を踏まえたものであるかです。
メモなどの思考ツールを活用し、話し合いのプロセスや展開を把握させ、整理の仕方を学ばせるようにしましょう。

１　司会①（田中さん）の発言の中で、話し合いの目的について述べているところがあります。その部分に線を引きましょう。【話し合いの目的の確認】

２　青木さんの発言はまだ不十分です。不十分な理由を答えましょう。【提案者の理由】

【解答例】
いすとりゲームがしたいとだけ言って理由を発言していない。

３　もしあなたが、司会②（野口さん）の立場なら　1　で、どのような発言をしますか。【プロセスの確認、司会者の整理】

【解答例】
一つ目はいすとりゲーム、二つ目はげきを、三つ目は、クイズ、四つ目は音読げきという意見でした。

４　池田「げきは仲よくなれると思います。」の発言では不十分です。不十分な理由を答えましょう。【話し合いの内容把握、応答の確認】

【解答例】
横山さんの「この練習しますか」との問いに、答えずに別の内容のことを話している。

５　もしあなたが、司会③（田中さん）の立場なら　2　で、どのような発言をしますか。【話し合いの内容把握、司会者としての発言】

【解答例】
まず、青木さんのいすとりゲームという意見はどうですか。そのよい点と問題点を考えていきましょう。

評価問題　六年「学級討論会をしよう」
　　　　　六年「問題を解決するために話し合おう」　名前（　　　　　　　　）

③　話し合いの意図に応じて自分の考えを持とう

六年一組で、クラスの問題を解決するために話し合っています。次の話し合いを読んで、後の質問に答えましょう。

司会者　今日は、どうしたら休み時間に全員が外に出て楽しく遊ぶようになるかについて話し合います。六年一組では、毎日中休みは全員外で遊ぶことに決めていますが、最近外に出ず、校舎内で遊んでいる人がいるようです。みんなで守ろうと決めたルールなので、ちゃんと守るようにしたがよいという意見がありました。外に出ない人から原因は何かを考え、次にその解決方法を考えていきます。今日の話し合いでは、みんなが外で楽しく遊ぶようにするために私たちにできる方法について話し合っていきたいと思います。では、原因について意見を言ってください。

中村　同じ遊びばかりで、毎日していると飽きをしてしまうからではないでしょうか。

川元　ぼくも中村さんの考えに賛成です。僕も、時々もう少し違う遊びをしたいと思うことがあります。

野上　私は二人と少し似ていて、六年生にもなって思うことなどの低学年がするような遊びをしたくないと思っている人がいるからだと思います。六年生からもう少し難しいルールの遊びにしたらもっと楽しめるから、外に出たくなると思います。

司会者　それでは川元までに出た意見をまとめます。外に出てこない人がいる原因は、大きく二つに分けられます。一つ目は、遊びの種類が少ないということです。二つ目は（①）ということです。次に、みんなが外で遊ぶための具体的な解決方法を考えていきましょう。一つ目の原因である、遊びの種類が少ないという点については、どうでしょう。

中村　私は六年一組の全員に休み時間にしたい遊びのアンケートを行ったらよいと思います。

川元　なるほど、中村さんの意見はよいアイデアだと思います。も、少し心配なことがあります。それは、クラスメイトにアンケートを行っても、あまりよいアイデアが出てこないかもしれないというわけです。理由はもしもよいアイデアがあれば、今話し合っているような問題は起こっていないはずだからです。

あなた　（　　②　　）

1　司会者は、話し合いの進め方をどのように計画していますか。

2　司会者は、話し合いの目標をどのように設定していますか。

3　①の二つ目の原因として考えられることを、司会者になったつもりで考え、話し合いの流れに沿うよう書き込みましょう。

4　——の川元さんの意見に対して、あなたならどのような意見を述べますか。参加者の一人として、川元さんの意見に賛成か反対か立場をはっきりさせてあなたの考えを書きましょう。

評価問題　六年「学級討論会をしよう」　解答編
六年「問題を解決するために話し合おう」　名前（　　　　　　　　）
③　話し合いの意図に応じて自分の考えを持とう

六年二組で、クラスの問題を解決するために話し合っています。次の話し合いを読んで、後の質問に答えましょう。

司会者　今日は、どうしたら休み時間に全員が外に出て楽しく遊ぼうになるかについて話し合います。六年二組では、毎日中間休みは全員外で遊ぶことに決めていますが、最近外に出ず、校舎内で遊んでいる人がいるようです。みんなで守ろうと決めたルールなので、ちゃんと守るようにした方がよいという意見がありました。まず、外に出る人がいる原因は何かを考え、次にその解決方法を考えていきます。今日の話し合いでは、みんなが外で楽しく遊ぼうにするために私たちにできる方法について話し合っていきたいと思います。では、原因について意見を発言してください。

中村

川元

野上

◇つまずきポイント
「話し合い」の展開に応じた発言ができない。
◇指導のポイント
3　教科書の「話し合い例」を活用し、「話し合いはどのような内容ですか。簡単に答えましょう。」と問い内容を把握させるようにします。また話し合いを止めながら「あなたが司会者ならどのように発言しますか」と問い、展開に沿った発言を考えさせる活動を取り入れてみましょう。クラス全体で発言を共有する中で、様々な発言の仕方を検討し、実際の話し合いで活用できるようにします。

司会者　が…その原因は、大きく二つに分けられます。一つ目は、遊びの種

◇つまずきポイント
「話し合い」の意図に応じた自分の考えが持てない。
◇指導のポイント
4　について、実際の話し合いの中で、別の参加者が自分自身と異なる意見を提案する場合が考えられます。その場合、代案を考えるなど、意見を考えさせることが大切です。
例えば「〇〇さんは、△△のように述べましたね。確かにそれも納得できます。しかし、□□のようなことも考えられないでしょうか」というように、別の視点からの考えや意見を述べるようにせます。そうすることで、異なる意見での一致点が生まれる可能性があり、問題を解決する方法のバリエーションが増えます。また付箋などを活用し話し合いの意図を把握させた上での代案の出し方を学ばせるようにしましょう。

中村

川元

1　司会者は、話し合いの進め方をどのように計画していますか。【プロセスの確認】

【解答例】
まず、外に出ない人がいる原因は何かを考え、次にその解決方法を考えていく。

2　司会者は、話し合いの目標をどのように設定していますか。【話し合いの目標】

【解答例】
みんなが外で楽しく遊ぶようにするために私たちにできる方法を決めること。

3　①の二つ目の原因として考えられることを、司会者になったつもりで考え、話し合いの流れに沿うよう書き込みましょう。【話し合いの内容把握】

【解答例】
高学年向きで、ルールがもう少し難しい遊びを考える。

4　―の川元さんの意見に対して、あなたならどのような意見を述べますか。参加者の一人として、川元さんの意見に賛成か反対か立場をはっきりさせてあなたの考えを書きましょう。【話し合いの内容把握】

【解答例】賛成の場合
川元さんの意見に賛成です。例えば、クラスメイトと先生の両方で遊びたいかというアンケートをとるといった方法はどうでしょうか。

おわりに

　本書では，小学校国語科における「話すこと・聞くこと」領域の授業実践のモデルをできるだけ，教科書教材をベースに提示しました。

　その中において，「目指す子どもの姿」「詳しくすると…こんな活動！」「単元計画」「指導のPoint」「そのまま使える！活動の流れ」「ここが指導・評価のカギ！」を視点に日々の授業で活用できるよう具体的に示しました。

　予測不可能な世の中を生き抜くためには，それぞれの立場の者に，新たな考えを導き出させ，最終的には，未来志向のもと視点や条件を創り上げることが必要です。とりわけ，「話すこと・聞くこと」領域は，グローバル化に伴い，異なる文化を持つ人々と合意を形成する等の力が必要とされる今日において，大切にしなければならない領域の一つであります。しかしながら，「書くこと」「読むこと」領域などと比べるとモデルとなる実践事例や指南書が少なく「子どもたちにとって力の付く指導の在り方が分からない」等の声をよく聞きます。本書は，それらを打開するための一つの羅針盤になり得ると自負しています。

　本書を手にとった方から，「『話すこと・聞くこと』領域の授業展開，展開するためのポイントが具体的に分かった」「単元を展開する中で，目標の具体化に取り組むことや，評価問題の作成・活用の仕方が理解できた」「話し合い教材の指導に思案していたが，指導の方向性について確認できた」など「取り組もう！」「実際に指導してみよう！」といった声が聞こえてくることを願っています。

　明治図書の林知里さん，佐藤智恵さんには，長期間にわたり，辛抱強く本書の企画段階から，完成に至るまで丁寧に関わっていただきました。読者の皆様に読んでいただけるよう，的確なアドバイス，見やすいレイアウトなど，大変お世話になりました。心より感謝申し上げます。

2019年9月　　　　　　　　　　　　　　　　　　　　　　　　　　　　　　　　長谷浩也

【分担執筆者一覧】

河 盛 智 子	兵庫県姫路市立広畑第二小学校
清 瀬 真太郎	兵庫県姫路市立山田小学校
小 林 智 美	兵庫県姫路市立妻鹿小学校
重 内 俊 介	兵庫県姫路市立花田小学校
谷 口 祥 子	兵庫県姫路市立青山小学校
濱 田 亜 希	兵庫県姫路市立飾磨小学校
前 田 貴 代	兵庫県姫路市立大津小学校
宮 原 桂 子	兵庫県姫路市立広畑第二小学校
本 家 由 美	兵庫県姫路市立高岡小学校

【編著者紹介】
長谷　浩也（はせ　ひろなり）
兵庫教育大学大学院修了。教育学修士。姫路市立公立小学校教諭，姫路市教育委員会指導主事を経て，現在，環太平洋大学次世代教育学部学部長，教授。
主な著作として『小学校国語科　対話が子どもの学びを変える指導のアイデア＆授業プラン』（単著），『小学校国語科　合意形成能力を育む「話し合い」指導―理論と実践―』（重内俊介氏との共著，いずれも明治図書）など多数。

〔本文イラスト〕木村美穂

小学校国語科
「話すこと・聞くこと」の授業パーフェクトガイド

2019年11月初版第1刷刊　Ⓒ編著者　長　谷　浩　也
　　　　　　　　　　　　発行者　藤　原　光　政
　　　　　　　　　　　　発行所　明治図書出版株式会社
　　　　　　　　　　　　　　　　http://www.meijitosho.co.jp
　　　　　　　　　　　（企画）林　知里・佐藤智恵（校正）関沼幸枝
　　　　　　　　　　　　〒114-0023　東京都北区滝野川7-46-1
　　　　　　　　　　　　振替00160-5-151318　電話03(5907)6703
　　　　　　　　　　　　ご注文窓口　電話03(5907)6668
＊検印省略　　　　　　　組版所　株式会社アイデスク
本書の無断コピーは，著作権・出版権にふれます。ご注意ください。

Printed in Japan　　　　　　　　ISBN978-4-18-288715-4
もれなくクーポンがもらえる！読者アンケートはこちらから

国語科重要教材の授業づくりシリーズ

大好評シリーズ最新刊！

超定番教材をどう授業するのか？――教材を分析・解釈する力＆指導方法を構想する力を高める読解の視点と、各種言語活動を例示。それに基づく授業実践をもとに、発達段階に応じて子どもを読み手として育てる授業づくりに迫る。教材研究に欠かせない一冊。

【お手紙】図書番号：2495
本体価2,100円＋税／168頁

【ごんぎつね】図書番号：1951
本体価2,100円＋税／176頁

【大造じいさんとガン】図書番号：1952
本体価2,000円＋税／160頁

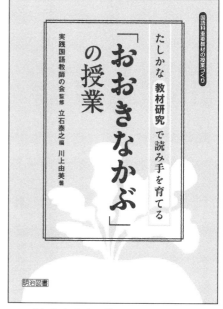

【おおきなかぶ】図書番号：1953
本体価2,060円＋税／168頁

明治図書　携帯・スマートフォンからは **明治図書ONLINEへ** 書籍の検索、注文ができます。▶▶▶

http://www.meijitosho.co.jp　＊併記4桁の図書番号（英数字）でHP、携帯での検索・注文が簡単に行えます。

〒114-0023　東京都北区滝野川7-46-1　ご注文窓口　TEL（03）5907-6668　FAX（050）3156-2790

青木伸生の国語授業

3ステップで深い学びを実現！
思考と表現の枠組みをつくる
フレームリーディング

A5判・160頁・2060円+税　図書番号：1381　青木伸生 著

フレームリーディングで
文学の授業づくり

A5判・144頁・1960円+税　図書番号：1382　青木伸生 著

フレームリーディングで
説明文の授業づくり

A5判・144頁・1960円+税　図書番号：1383　青木伸生 著

文章を丸ごととらえる読みで、国語授業が変わる！
フレームリーディングは、「数える」「選ぶ」という、シンプルでクラスの全員が参加できる切り口によって深い学びを実現させる手法。文章を丸ごと読むことで「つながりを見いだす力」を育み、子ども自身が思考・表現する際に使えるフレームをつくりだす。書かれている言葉を多面的・多角的に、更に構造的に読むことで子どもの学びは"深く"なる。そのためには教師が文章のしかけを発見し、そこに到達する発問をしなければならない。定番教材を多数収録。

クラス全員が熱中する！

小学校国語科
話す力・書く力を
ぐんぐん高める
レシピ50

弥延浩史 著

A5判・180頁・1900円+税　図書番号：1614

話したい！書きたい！があふれるクラスに必ずなる！
国語の時間はもちろん、朝の会・帰りの会やスキマ時間を使って子どもたちの話す力・書く力を高めるアイデア集。「運命のわりばし」「今日の一番星」「ポジティブにいきまSHOW！」「あなたもコピーライター」など、話し慣れ＆書き慣れさせる楽しいレシピが満載！

明治図書　📱携帯からは**明治図書MOBILE**へ　書籍の検索，注文ができます。▶▶▶

http://www.meijitosho.co.jp　＊併記4桁の図書番号（英数字）でHP，携帯での検索・注文が簡単に行えます。

〒114-0023　東京都北区滝野川7-46-1　ご注文窓口　TEL 03-5907-6668　FAX 050-3156-2790

小学校国語科
合意形成能力を育む「話し合い」指導
―理論と実践―

長谷 浩也・重内 俊介 著

深い学びを実現する「話し合い」指導・決定版！

予測不可能な世の中を生き抜くためには、妥協や譲歩ではなく、互いにどちらにとっても有益な答えが導き出せるような力、すなわち合意形成能力が求められる。本書は、理論編・準備編・実践編の三部で、教科書教材や日常指導をもとに、生きて働く話し合いの力を育成する。

2377・A5判136頁・2100円+税

小学校国語科 対話が子どもの学びを変える
指導のアイデア&授業プラン

長谷 浩也 著

「受け止める」活動から出発する系統的な対話指導を提案！

対話能力とともに成長する人間形成や人間関係づくりを考え、学習指導要領の示すつけたい力を踏まえて、対話の成立要素などを重視した「対話を学ぶ」授業、目標に迫るために対話を活かす「対話で学ぶ」授業など、系統的な対話能力の習得や活用を活かした授業実践を紹介する。

――目次より――
Part 1　対話能力をアップする授業づくりのポイント7
1．現状から見る「対話」の必要性について考えよう！／2．一往復の伝え合いの要素を見てみよう！／3．対話が成立するためのポイントを押さえよう！／4．対話の話題と指導との関係を知っておこう！　ほか

0530・B5判128頁・2060円+税

明治図書　携帯・スマートフォンからは 明治図書ONLINE へ　書籍の検索、注文ができます。▶▶▶
http://www.meijitosho.co.jp　＊併記4桁の図書番号（英数字）でHP、携帯での検索・注文が簡単に行えます。
〒114-0023　東京都北区滝野川7-46-1　ご注文窓口　TEL 03-5907-6668　FAX 050-3156-2790